POÉSIE ET MUSICALITÉ

Les Mondes germaniques

Collection dirigée par Françoise Rétif et Gérard Laudin

La collection ***Les Mondes germaniques*** publie des études concernant l'histoire culturelle et politique des pays germanophones, la littérature et les mouvements d'idées, en privilégiant une approche interdisciplinaire à l'articulation de la littérature, de la linguistique, de la philosophie et de l'histoire. Si elle est largement ouverte aux travaux portant sur les Allemagnes, l'Autriche et la Suisse depuis 1945, elle se donne une double perspective, à la fois diachronique et synchronique, et se propose donc aussi d'investiguer le passé, singulièrement dans les rapports qu'il entretient avec les enjeux présents. Les transferts culturels entre les pays de langue allemande et leurs voisins, ainsi que leur insertion dans l'espace européen, seront l'objet d'une attention particulière.

Déjà parus

Andreas RITTAU, *Traversées culturelles franco-allemandes*, 2006.
DOLL Jürgen (dir.), *Jean Améry (1912-1978)*, 2006.
KNOPPER Françoise et COZIC Alain, *Le déchirement*, 2006.
BEHR Irmtraud et HENNINGER Peter (textes réunis par), *A travers champs*, 2005.
RÉTIF Françoise (*dir.*), *L'indicible*, 2004.
TUNNER Erika, *Les littératures allemandes et autrichiennes du XXe siècle. Carrefours de rencontres. De Stefan Zweig à Christa Wolf*, 2004.
TUNNER Erika, *Thomas Bernhard. Un joyeux mélancolique*, 2004.

Sous la direction de
MARKO PAJEVIĆ

POÉSIE ET MUSICALITÉ

Liens, croisements, mutations

L'HARMATTAN

Les textes réunis dans ce volume ont été présentés en grande partie lors de la journée d'études *Poésie et musicalité – liens, croisements, mutations*, le 8 décembre 2005 à Rouen, une manifestation du CR2A, Centre de recherches sur l'Autriche et l'Allemagne.

Que soient remerciés ici tous les participants et auteurs, en particulier Françoise Rétif et Karine Winkelvoss qui m'ont aidé et soutenu dans l'organisation de cette manifestation.

Belfast et Paris, avril 2007
Marko Pajević

5-7 rue de l'École Polytechnique ; Paris 5e
www.librairieharmattan.com
harmattan1@wanadoo.fr
diffusion.harmattan@wanadoo.fr

ISBN : 978-2-296-03556-0
EAN : 9782296035560

POESIE ET MUSICALITE
Une introduction historique

Marko Pajević

Orphée, figure de proue de la poésie, l'est tout autant pour la musique – symbole d'un lien ancien et profond entre poésie et musique. Le terme de *môusiké* en grec ancien rassemblait à l'origine tous les arts des muses, il n'y avait pas de distinction nette entre poésie et musique, et même la danse et l'éducation élémentaire en faisaient partie. Les systèmes linguistique et musical étaient très proches l'un de l'autre et le système musical était basé sur l'amplitude de la voix humaine. Cette origine commune est conservée dans le terme de « lyrisme », venant de la lyre, instrument de musique accompagné par, ou accompagnant les paroles. Cet arrière-plan rappelle l'importance de la musicalité dans la poésie comme de la poésie dans la musique. On peut observer une symbiose extrêmement longue et fructueuse, due au fait que la poésie peut se rapprocher de la musique par ses structures et sa sonorité, et que la musique peut enrober, contenir, approfondir, et modifier une signification langagière. Or, le terme de lyrisme aujourd'hui est sujet à caution, pourquoi ? Qu'est devenu aujourd'hui ce rapport fondateur entre poésie et musicalité, et quelles sont les raisons de ces modifications ?

Afin de mieux comprendre les enjeux et les difficultés de ce rapport, et pour situer la question de la musicalité dans la poésie aujourd'hui, une brève introduction historique de son évolution semble utile.

Dans la Grèce antique, *môusiké* désignait tout un ensemble d'arts rythmiques, de formes en mouvements, qui servait de mnémotechnique, préservait les connaissances de la culture et soudait la communauté. L'art d'Orphée était plus fort que la mort, justement parce qu'il représentait la tradition et la transmission. Il semble que cette pensée ait eu un fondement mystique et magique, surtout en ce qui concerne le son qui, en tant que résonance de la matière, était censé manifester de manière terrestre une force métaphysique, la réaliser sur terre. C'est d'ailleurs aussi tout le principe des mantras. Cette idée se reflète dans le fait que dans les anciennes cultures, les séries musicales sont descendantes, contrairement à ce que nous connaissons de nos jours. Pythagore voyait dans la *môusiké* l'ordre cosmique, expression de l'harmonie globale de tout l'univers. La « musicalité » de la poésie serait par conséquent gage de sa « vérité cosmique ».

Dans les temps modernes pourtant, la pensée d'une unité et d'une harmonie originelles, qui définit le modèle de culture, a peu à peu disparu au profit d'un modèle de civilisation, où la complexité et la dysharmonie prennent le dessus.

L'émergence d'une culture écrite semble avoir été à l'origine du processus. C'était la condition de la théorie, donc aussi d'une séparation entre réflexion et performance. Au Ve siècle avant J.C., le lien intrinsèque entre poésie et chant parlé fut rompu. Dans la Rome antique, cet éloignement se manifestait encore plus par le fait que la poésie latine se servait des rythmes grecs, ce qui changeait l'accentuation normale des mots latins. Le chant liturgique du Moyen Age devint peu à peu plus long et plus complexe, se rapprochant ainsi de ce que nous appellerions poèmes. Avec les troubadours enfin, avant tout poètes et compositeurs, la forme poétique se fit plus complexe que la forme musicale et lorsque Dante définit la poésie comme une combinaison de musique et de rhétorique, la musique était plutôt un terme métaphorique, car les poèmes, de son temps déjà, ne cherchaient plus à s'adapter à une certaine mélodie musicale préexistante.

Après l'invention de Gutenberg, le son perdit de l'importance par rapport à la vision, l'écriture écarta la tradition orale. Le texte et l'œil l'emportèrent sur la musique et l'oreille. La poésie n'était plus composée pour une représentation musicale, mais écrite pour des lecteurs. Ce fut un changement radical touchant aux fondements mêmes du lyrisme. Avec ce changement s'imposa une inversion dans l'ordre des choses ; désormais, souvent, les musiciens étaient sollicités pour composer un air sur des paroles préexistantes.

Le point de départ, surtout à partir de la Renaissance, fut le texte que la musique était censée exprimer et animer. Cela se situait dans la tradition aristotélienne qui considérait la musique dans la perspective des effets à produire, comme la rhétorique. Par conséquent, l'idée de l'opéra, qui naît à l'époque, voulait redonner de la force aux paroles dramatiques par l'accompagnement musical.

La voix fut alors employée comme instrument mélodique, il s'agissait désormais de plus en plus d'exprimer des sentiments personnels. Au cours du XVIIIe siècle, la théorie de la Renaissance, voulant que la fonction de la musique soit exclusivement d'animer des textes, devint inadéquate. L'opéra développa à l'extrême la force d'excitation affective, ce qui amena Jean-Jacques Rousseau, lui-même compositeur reconnu de son époque, à déclarer que l'intériorité était « la finalité des beaux-arts ». Cette déclaration conférait à la musique une position privilégiée, puisqu'elle était l'accès le plus direct aux passions. La musique n'imitait donc plus les paroles, mais elle imitait les passions, et cela mieux que tous les autres arts, c'est du moins ce dont on convenait. Le chant exprimait selon Rousseau un état précivilisé et naturel. Et l'opéra, dont les premières œuvres majeures au XVIe siècle portaient sur le mythe d'Orphée, exigeait lui aussi désormais « prima la musica, poi le parole » (Salieri 1786). La musique venait avant les paroles, pas seulement dans la chronologie de la création : elle était effectivement considérée comme plus importante.

À partir de là, les choses se compliquèrent : la musique était considérée comme un mimétisme tout en développant parallèlement une sorte de grammaire propre, par conséquent une signification indépendante de toute imitation. Depuis lors, la musique est d'une part le plus souvent associée à une aspiration métaphysique, du moins transcendante, puisque l'intériorité qu'elle transporte implique l'âme, et puisque celle-ci est peu saisissable conceptuellement ; d'autre part, elle est associée au corps et au primitivisme, justement parce qu'elle n'est pas contrôlée par la raison, c'est-à-dire, à l'époque des Lumières, par les paroles. Et cela malgré le développement d'un langage musical.

À l'époque romantique, le discours musical se dissocia du discours poétique. Il y avait d'un côté les musiciens qui aspiraient à une sémantique propre de la musique, à l'état de langage, et de l'autre côté les poètes qui louaient la musique justement pour ses qualités considérées jusqu'alors comme mineures, à savoir son caractère prétendument vague. Les romantiques appréciaient la forme et les associations libres, ils se révoltaient contre la rationalité en faveur d'une « aspiration infinie » (« unendliche Sehnsucht »), comme disait E.T.A. Hoffmann. Novalis reprit les théories pythagoriciennes en disant : « Les rapports musicaux me semblent bel et bien être les rapports de la nature » (« Die musikalischen Verhältnisse scheinen mir recht eigentlich die Verhältnisse der Natur zu sein. »). Le chant populaire représentait pour les romantiques l'expression directe de la vie de l'âme, et la langue devait se libérer de sa décadence rationnelle par une musicalisation, afin de retrouver sa force originelle. Friedrich Schlegel désignait la musique comme « le plus haut de tous les arts », comme l'art le plus universel, que chaque art devient, s'il est perfectionné (« Sie ist die *allgemeinste.* Jede Kunst hat musikalische Prinzipien und wird vollendet selbst Musik. »). Et Clemens Brentano alla plus loin encore sur ce chemin de l'émancipation du son aux dépens de la signification. Ses critiques se moquaient de son « tintement de mots » (« Wortgeklingel »), mais celui-ci est fondateur d'une grande tradition du langage poétique moderne. Pour Schopenhauer enfin, la musique exprimait « l'essence intérieure, l'en-soi de tous les phénomènes » (« das innere Wesen, das An-Sich aller Erscheinungen »).

L'époque des Lumières qui accordait une valeur prépondérante à la ratio et au logos avait en même temps besoin d'une catégorie qui pouvait embrasser l'Autre dans un *monde désenchanté*, à savoir tout ce qui touchait aux passions, aux sentiments, aux profondeurs de l'âme : tout cela ne rentrait pas dans la logique du temps et fut attribué à la musique. L'opposition entre sentiments et logos fut ainsi attestée. Tandis que bon nombre de musiciens ne se contentèrent pas forcément de cette situation flatteuse mais peu sérieuse et aspirèrent à un statut et à une reconnaissance dans le monde scientifique, les poètes – du moins les romantiques – se battirent de leur côté contre cette partition des sphères humaines en logos et sens en accentuant le rôle de la musicalité dans la poésie pour maintenir une vision globale de l'être humain.

Par la suite, Wagner déclara que sa mélodie orchestrale était la matrice de ses drames musicaux, ce qui eut des conséquences aussi en France, à travers Baudelaire. Verlaine comme tout le symbolisme demandait « De la musique avant toute chose ! », et les poètes se considéraient surtout comme musiciens. Mallarmé répondit à la proposition de Debussy de mettre en musique son *Après-midi d'un faune* en disant qu'il croyait l'avoir déjà fait. Les poètes considéraient que la poésie était musique.

Cette évolution nuisit à la pensée poétique dans la mesure où celle-ci fut de plus en plus écartée du monde soi-disant réel pour rejoindre un monde prétendument sans importance sociale, associé aux lubies, fantaisies et exaltations en tout genre. Et surtout dans la mesure où elle ne développa pas de terminologie propre et propice pour rendre compte de la spécificité poétique, ce qui créait des confusions.

Le XXe siècle fut un siècle d'expérimentation qui chercha de nouvelles voies. Adorno fit déjà remarquer que la musique contemporaine tendait à développer son propre langage, tandis que la poésie tendait à traiter la langue comme matière. Ainsi – la musique devenant langage, la langue devenant musique – poésie et musicalité convergaient de nouveau.

Et effectivement, probablement sous l'effet de la dissolution de l'empire austro-hongrois, Schönberg tenta avec succès de remplacer l'ordre de la tonalité par des règles intellectuellement construites, ainsi inventa-t-il un langage artificiel. Berg composa sa « Suite lyrique » en s'inspirant d'un sonnet de Mallarmé, mais le texte fut supprimé, suggérant que la musique était à elle seule suffisamment expressive. De l'autre côté, quelques mouvements poétiques se concentraient sur la sonorité. Un bon nombre d'expressionnistes, surtout August Stramm, mettaient en avant l'expressivité des sons. Les dadaïstes débarrassaient le langage poétique de sa dimension de sens, Hugo Ball, par ses « vers sans paroles » (« Verse ohne Worte »), aspirait à une connaissance mystique. Dans cette poésie sonore, le mot n'était plus porteur de signification sémantique, il était apprécié surtout pour sa qualité sonore. Kurt Schwitters avec sa « Ursonate » composa une œuvre musicale d'une quarantaine de minutes qui traitait le langage comme un pur matériau musical.

Dans les années cinquante et soixante, les Allemands surtout voulaient rompre avec des traditions lyriques, associées au national-socialisme et à son abus de sentiments, de pathos, et à son esthétisation de la politique. Il y eut alors un fort développement de la musique moderne en Allemagne, les musiciens voulant libérer la musique de son aspect sentimental et vague. Ils développèrent une musique très construite et cérébrale. Dans leurs efforts pour gagner un statut de langage, des compositeurs comme Dieter Schnebel et Mauricio Kagel intégrèrent le matériau sonore de la langue dans leur compositions : des gémissements, des cris, des grognements et des chuchotements.

En même temps, le langage poétique devint plus gris, comme disait Paul Celan, moins musical, plus proche du dessin. On cherchait généralement une approche plus sobre, moins chargée de sentiments. C'est le théoricien Max Bense qui exerça une grande influence par ses idées, selon lesquelles la langue doit être considérée comme pur signe, ce qui veut dire que le mot est strictement utilisé comme porteur sémiotique constructif, dépourvu de toute convention. Avec la « poésie concrète », la poésie se tourna vers le visuel. Toutefois les Autrichiens, en faisant intervenir les dialectes populaires et l'humour, firent de la déclamation un élément constitutif du texte. La poésie sonore, surtout dans le Groupe de Vienne avec H.C. Artmann, Gerhard Rühm, mais aussi Ernst Jandl, garda son importance. Mais il s'agissait d'une conception très différente de ce que l'on entend normalement par musicalité dans la poésie, car elle était éloignée des idées d'harmonie et de régularité.

Il existe donc en Allemagne et en Autriche un grand scepticisme, dû à l'expérience historique, envers la qualité sonore du poème et même de la musique : l'esthétique avec sa force de séduction doit être contrôlée par une construction cérébrale. Les sens, surtout le plaisir des sens, l'harmonie, sont considérés comme séductibles et corrompus.

La deuxième moitié du XXe siècle fut dominée par la musique populaire dont les textes sont appelés « lyrics » – ils ne prétendent donc pas être des « poèmes », mais mettent en relief la musicalité de la langue. Ils sont basés sur la déclamation et la répétition ; des cris comme « yeah », « come on », « gotcha » jouent un rôle majeur, et souvent la signification réside moins dans la sémantique des mots que dans la manière de dire/chanter et dans le fait de crier considéré en soi.

La puissance du phénomène pop dans la culture se fait remarquer aussi dans la poésie. La *Slam poetry* et les rimes du Rap, venant des Etats-Unis, rencontrent un succès considérable en Allemagne depuis les années quatre-vingt-dix. Mais il s'agit là de la contre-culture qui se dresse à la fois contre l'harmonie de la musicalité traditionnelle et contre le *logos* en faveur des *tripes*, donc du corps.

La relation intime, ancienne et originelle, entre musique et poésie continue d'exister de nos jours, on peut même constater un certain rapprochement. Soit par une intellectualisation de la musique classique contemporaine et une sonorisation du langage poétique aux dépens de la sémantique, soit par la culture populaire dont les « lyrics », paroles chantées en musique et déclamées dans la *Slam poetry*, ont fortement imprégné notre temps, renouant ainsi d'une certaine façon avec les origines de la *môusiké*.

Malgré des contre-mouvements périodiques – on pourrait presque constater une alternance de mouvements rationnels et sensuels – le rapport entre *logos* et *môusiké* penche de plus en plus vers le *logos*. La science, et par conséquent également la philologie, est, de par sa nature, du côté du logos et néglige souvent la *môusiké*, si difficile à saisir par l'approche scientifique. La radicalisation de quelques mouvements poétiques au XXème siècle, soit anti-*logos*, soit anti-forme, a le mérite de souligner le problème: la poésie risque de perdre la conscience de sa spécificité. Pour comprendre *la chose littéraire* et le phénomène de l'art en général, il faut trouver des moyens pour intégrer la *môusiké*.

Une terminologie fait défaut. Les enjeux sont importants, car c'est l'histoire de la raison qui se manifeste dans ce rapport, à travers la corporéité de l'intellect. Le rejet contemporain du lyrique, dont nous avons fait notre point de départ, serait-il alors aussi un rejet du corps et de la forme en tant que sens, en faveur de la raison pure ? Or, comme l'a montré André Leroi-Gourhan, l'intellectualité et la créativité humaines sont toujours liées aux infrastructures organiques. L'être humain ne peut pas dépasser cette constante anthropologique. La raison pure est déraisonnable. Nous voilà donc dans une impasse.

Penser la poésie peut nous sortir de cette impasse. La poésie semble se soustraire par définition à toute tentative de conceptualisation, et lorsqu'on parle de musique en poésie aujourd'hui, en général, c'est la manifestation de cette difficulté. Le plus souvent, la musicalité en poésie n'est qu'une métaphore de ce qui n'est pas couvert par la logique du signe. Nous n'avons pas de terminologie pour ce qui ne rentre pas dans ce binarisme du signifiant et du signifié. Par conséquent, la musicalité est une notion fourre-tout pour couvrir tout ce qui dépasse nos moyens terminologiques en poésie. Cela aboutit à une tautologie, puisque cette soi-disant « musicalité » de la poésie équivaut à la poésie, comme l'affirme Henri Meschonnic. Tout ce qui fait que la poésie est poésie ne rentre pas dans la terminologie et est par conséquent – faute de mieux – appelé musicalité.

Meschonnic se dresse contre cette confusion de genres ; tout rapprochement entre poésie et musique se ferait aux dépens de la poésie, puisque les notions de rythme ne signifient pas la même chose dans les deux domaines, et que la dimension du sujet et du sens dans la poésie serait effacée. Meschonnic a sans aucun doute raison de combattre une longue tradition qui a empêché de penser la spécificité de la poésie en faisant fausse route vers la musique. Mais, même si cette tradition manque de taxinomie bien définie, elle n'est pas dépourvue de bon sens, car l'impression s'impose que des liens inhérents à la poésie et à la musicalité existent. Plus l'importance de cette idée de musicalité dans la poésie est grande, plus l'attention est portée sur le *continu* (terme meschonnicien pour désigner l'importance de l'ensemble d'un énoncé avec ses liens sonores) des paroles au lieu des dénotations des mots isolés. Car le sens de la musique se construit exclusivement au niveau de l'ensemble, une note seule n'ayant aucune signification, tout comme le mot en dehors de son contexte ne veut rien dire. Il faudrait donc trouver une terminologie opérationnelle pour parler de ce que fait la poésie sans tomber dans le piège de la musicalité, c'est-à-dire de l'harmonie et de l'insaisissable.

Comment trouver des concepts pour saisir ces liens entre musicalité et poésie, et pour définir les deux ? Faudrait-il revenir à l'idée originelle des arts du rythme, comme l'ancien terme *môusiké* ? Mais il ne faut pas alors oublier ce qu'Émile Benveniste nous a appris sur la signification du mot rythme qui, avant de prendre le sens de répétition et alternance, signifiait *la forme dans l'instant qu'elle est assumée par ce qui est mouvant, mobile, fluide.* Cette *forme en mouvement* est effectivement cruciale pour la compréhension du phénomène artistique en général et correspond à la notion de modernité chez Baudelaire – qui garde son actualité.

ORPHÉE, LES CIGALES ET LES SIRÈNES
Une fantaisie impromptue de Homère à Bachmann. Musique de Hans Werner Henze

Françoise Rétif

La réflexion libre qui sera la mienne sur les rapports entre musique et poésie sera centrée sur les textes qu'écrivit Ingeborg Bachmann sur la question. L'on sait à quel point ces rapports étaient importants pour elle et même fondamentaux ; les travaux universitaires concernant ce sujet ainsi que la collaboration entre Ingeborg Bachmann et Hans Werner Henze sont nombreux, l'intérêt ne pouvant qu'être renforcé par la publication récente de la correspondance entre le musicien et la poétesse.

Marko Pajević, dans sa réflexion liminaire, est parti du mythe d'Orphée. Je me pencherai sur les mythes moi aussi, pour essayer de comprendre les raisons qui ont pu amener Ingeborg Bachmann à traiter dans son œuvre non seulement du mythe d'Orphée, mais également d'autres mythes fondateurs du rapport de la musique à la poésie, en particulier le mythe des sirènes et celui des cigales.

Mythes fondateurs du rapport de la musique à la poésie

Homère et le mythe des sirènes

Le mythe des sirènes est sans doute le plus ancien, puisqu'il apparaît dans l'*Odyssée*. On sait comment, au sortir du royaume d'Hadès et sur les conseils de Circée, Ulysse échappa par la ruse aux sirènes en bouchant avec de la cire les oreilles de ses compagnons et en se faisant attacher au mât de son bateau. C'est Ulysse lui-même, échoué au pays des Phéaciens, qui fait le récit de la façon dont il réussit à triompher des sirènes. Si donc c'est en auditeur passif, ainsi que le soulignent Adorno et Horkheimer dans *La Dialectique de la raison*, qu'il subit le chant des sirènes, c'est ensuite en poète et conteur, succédant au divin Démodocos, qu'il en fait le récit. C'est parce qu'il a subi l'épreuve du chant des sirènes et l'a surmontée qu'Ulysse est devenu aède. En sachant attacher son corps, en s'imposant des liens et des règles — le carcan d'une forme ? — il surmonte l'épreuve qui le mène de la magicienne Circée qui tisse en chantant à sa femme Pénélope qui tisse inlassablement sans chanter. Les sirènes, elles, ne font que chanter, et leur chant est fatal : « celui qui les approche sans être averti et les entend, jamais sa femme et ses petits enfants ne se réunissent près de lui et ne fêtent son retour », prévient Circée.

Le chant d'Ulysse est orienté sur la ligne du temps, il a un objectif : obtenir de l'aide des Phéaciens ; et il a un but : le retour. Celui des sirènes, au contraire, n'a d'autre but que de mettre fin à l'action utile qui mène vers un but. Signe annonciateur : le vent tombe à l'approche de l'île des sirènes. Leur chant enlise/s'enlise dans la contemplation infinie du passé, de la matière à l'abandon, de la mort. Ne seraient-ce pas là deux conceptions du chant qui s'affrontent : d'un côté le chant naturel, libre, expression du désœuvrement réflexif, féminin et narcissique, celui des sirènes ; de l'autre celui qui suit des règles strictes sans jamais perdre de vue son but, expression de la maîtrise, celui d'Ulysse ? Ou bien l'un répondant aux exigences de la « raison instrumentale », pour reprendre l'expression des philosophes de l'Ecole de Francfort, et faisant déjà œuvre de civilisation ; l'autre incantatoire, magique, lyrique, risquant de détourner de ce travail civilisateur ? D'un côté le chant allié au savoir séducteur, de l'autre le chant servant la raison efficace. Peut-on aller jusqu'à considérer qu'on est là en présence d'un début d'opposition entre genre épique et genre lyrique, et le début d'une certaine dépréciation du lyrisme, donc du lien entre poésie et musique, allant de pair avec une dépréciation, voire une exclusion certaine du féminin ? En tout cas, à partir de là, pendant des siècles, des dizaines de siècles, le chant des sirènes sera tabou, mortel.

Il faudra attendre le milieu du XXe siècle pour que la sirène de nouveau *incarne l'art*, mais un art qui, pour la première fois, n'est pas funeste, mais au contraire *salvateur* — un art valorisé pour obéir à une autre logique que la logique discursive, une logique que l'on peut qualifier de *musicale*. Ce n'est pas un hasard en effet si l'écriture de la nouvelle *Ondine s'en va*[1], ce texte éminemment lyrique et plus généralement trans-générique qui clôt le recueil *La Trentième année* d'Ingeborg Bachmann, est contemporaine ou très légèrement postérieure à la création du ballet *Ondine* de Hans Werner Henze en octobre 1958, à Londres, dirigé par le compositeur lui-même sur la chorégraphie de Ashton et inspiré par le conte romantique de Friedrich de la Motte Fouqué.

Platon et le mythe des cigales

Platon poursuivit le travail engagé par Homère : on sait qu'à la fin de *La République*, de toutes les mesures préconisées, la plus importante est le bannissement des poètes. L'anathème est jeté en particulier sur le poème descriptif ou lyrique. Dans le *Phèdre*, le chant des cigales est comparé au chant charmeur et dangereux des sirènes: « (...) si elles (les cigales) nous voient converser et passer à côté d'elles sans nous laisser charmer par leurs chants de sirènes, elles nous admireront et peut-être nous feront-elles part de cette récompense que, par une permission des dieux, elles peuvent accorder aux hommes ». Cependant les cigales, mises au service des muses, devenues elles-mêmes les inspiratrices des hommes, sont désormais des « agents » civilisateurs, elles classent et cadrent, voire recadrent les activités des hommes. Et Socrate d'instruire son ami ignorant :

> Il ne sied pas à un ami des muses d'ignorer ces choses-là. On dit que jadis, avant la naissance des muses, les cigales étaient des hommes. Quand les muses naquirent et firent connaître le chant aux hommes, certains d'entre eux furent alors tellement transportés de plaisir qu'ils oublièrent en chantant de boire et de manger et moururent sans s'en apercevoir. C'est d'eux que vient

[1] Dans la traduction française actuellement existante et que des éditeurs uniquement préoccupés de rentabilité ne se décident pas à renouveler bien qu'on ne cesse d'attirer leur attention sur la nécessité de le faire, la nouvelle porte le titre « L'adieu de la sirène Ondine », ce qui est évidemment regrettable, car le texte se tisse dans l'écart entre le « partir » du titre et l'impératif « viens » qui clôt le texte et fait résonner l'appel pour un revoir — tout le contraire d'un adieu.

> la race des cigales, qui ont reçu des muses le privilège de n'avoir pas besoin de nourriture et de chanter, de leur naissance à leur mort, sans boire ni manger, puis d'aller rapporter aux muses par qui chacune d'elles est honorée ici-bas. Ainsi, elles font connaître à Terpsichore ceux qui l'ont honorée dans les chœurs (...), à Erato ceux qui l'ont honorée dans leurs poèmes d'amour (...). À Calliope, la plus ancienne et à Uranie, la cadette, elles rapportent les noms de ceux qui passent leur vie à philosopher et qui honorent les arts auxquels elles président. Ces deux muses, qui sont spécialement occupées du ciel et des discours des dieux et des hommes, sont celles dont les accents sont les plus beaux. Voilà bien des raisons de parler au lieu de faire la sieste de midi.

Quelles conclusions tirer de cet extrait ?

1) Platon nomme et distingue trois des neuf « arts libéraux » que présidaient les muses : les chœurs avec Terpsichore, l'élégie et le lyrisme regroupés en Erato, et l'éloquence de ceux qui pratiquent la philosophie avec Calliope, « la femme à la belle voix », d'ailleurs mère d'Orphée, la première de toutes les muses, selon Hésiode, celle que l'on retrouve toujours mais dont les attributions semblent varier d'un texte à l'autre. Dans les *Scholies*, il est dit qu'elle incarne la poésie ou les chants : « elle est la plus importante de toutes, parce que la parole est plus importante que chaque science, ou bien parce que la poétique est plus importante ». On voit que c'est, chez Hésiode, le chant qui prime sur la science, conformément à l'origine commune de muse et de musique, la « mousikê » étant l'art de la muse.

Pour Socrate, c'est différent : les deux activités, scientifique (le philosophe qui pratique l'éloquence) et les arts (les chants qu'il honore) sont désormais séparées. Si les muses, contrairement aux sirènes, ne sont pas les ennemies des hommes, mais leurs inspiratrices, la séparation évoquée ici est double : elle existe d'une part entre l'inspiratrice et l'activité artistique, d'autre part entre l'art et la philosophie. Nous verrons que Bachmann, au contraire, retrouve, dans le sillage d'Adorno, le lien originel entre musique et philosophie, mais pour y rechercher une logique autre que la logique discursive.

2) Le mythe des cigales tel qu'il est conté par Platon est à la fois repris et transformé, voire inversé par Bachmann dans une pièce radiophonique de 1954, *Die Zikaden*, pièce dont Hans Werner Henze écrivit la musique. D'un côté le mythe est repris, dans la mesure où il est dit des cigales « qu'elles furent un jour des hommes. Elles cessèrent de manger, de boire et d'aimer, pour pouvoir continuer de chanter »[2]. On remarquera cependant que, dans le texte moderne, les cigales perdirent leur humanité également pour avoir cessé d'aimer, ce qui n'est pas le cas dans le texte antique. D'un autre côté, le mythe est transformé, voire inversé, dans la mesure où le texte de Bachmann condamne cet idéal ascétique qu'incarnent justement les cigales ne s'adonnant qu'à la musique en oubliant tout le reste, la réalité du monde en particulier. L'alliance du chant et de la nostalgie, « la fuite dans le chant », est stigmatisée : « Dans la fuite dans le chant, elles (les cigales) devinrent plus sèches et plus petites, et désormais elles chantent, perdues dans leur nostalgie — enchantées, mais aussi damnées, parce que leur voix est devenue inhumaine »[3]. Les cigales et leur voix devinrent inhumaines parce qu'elles oublièrent tout, même l'amour, pour l'amour du chant ; parce que leur chant n'exprime que la nostalgie : il se perd dans un passé mythique, idéalisé.

Le chant des cigales incarne donc pour Bachmann un art soucieux uniquement de l'art, *l'art pour l'art*, en quelque sorte. Bachmann et Henze étaient l'un et l'autre d'ardents partisans d'un art à l'opposé de *l'art pour l'art* : pour eux, l'art était destiné avant tout à « agir ». L'union de la poésie, comprise au sens large et étymologique de création[4], et de la musique devait servir précisément à cela, à « tenir les morts éveillés et à déranger les vivants »[5]. Au plus fort de leur collaboration, dans l'immédiat après-guerre — nous sommes en 1954, dix ans ne se sont pas écoulés depuis la libération d'Auschwitz — oublier, pour ceux qui, comme Bachmann, stigmatisent l'amnésie collective qui règne dans certains pays, en Autriche en particulier, oublier est synonyme d'inhumanité : « Ne cherche pas à oublier ! Souviens-toi ! Et le chant aride de ta nostalgie se fera chair ! » Tout en

---

[2] Les citations de Ingeborg Bachmann sont tirées de l'œuvre complète (*Werke*) en quatre tomes édités en 1978 par Christine Koschel et Inge von Weidenbaum chez Piper Verlag, München. Ici : I, 268. Traduction F.R.

[3] *Idem.*

[4] Comme c'est le cas chez les premiers romantiques et aussi dans le mot allemand « Dichtung » qui supprime en soi la frontière entre prose et poésie.

[5] Ingeborg Bachmann, *Musik und Dichtung*, in : *Werke, op. cit.*, IV, 61. Hans Werner Henze écrira quant à lui un essai au titre évocateur : *Musik und Politik*.

accomplissant, dans leur œuvre, l'alliance de la poésie et de la musique, Bachmann et Henze refusent un *certain* chant, synonyme d'oubli, de complaisance dans l'oubli, de nostalgie — un chant détaché de la réalité, enfermé dans sa tour d'ivoire.

Ovide et le mythe d'Orphée

Le mythe d'Orphée, tel qu'il apparaît dans les livres X et XI des *Métamorphoses* d'Ovide, nous montre la puissance du chant d'Orphée capable de mettre en mouvement tout ce qui l'entoure, même les pierres et les rochers. Orphée est seul avec sa lyre au milieu de la nature. C'est avec sa lyre, et non avec Eurydice bannie, comme on le sait, aux enfers, qu'Orphée forme un couple, un couple qui chante l'absence du couple humain. De prime abord, Eurydice est en effet exclue de l'acte lyrique ; elle ne le sert que par son absence. La lyre est son succédané. Alors qu'il semble qu'à l'origine Orphée était hybride et réunissait en lui les aspects apolliniens et dionysiaques[6], « les époques ultérieures opérèrent des dissociations »[7], symbolisées en particulier par le dédoublement d'Orphée en Orphée et d'Eurydice. Il semble que, dans ce mythe à nouveau, il fallut, à un certain moment, séparer le féminin du masculin, l'apollinien du dionysiaque, etc., bref : séparer les contraires et exclure certaines forces (ressenties comme des faiblesses). C'est dans la femme aimante qu'elles furent incarnées. Comme dans le mythe des sirènes, il faut que l'élément féminin soit délaissé, surmonté, sacrifié, pour que poésie advienne — ou une certaine poésie. Le chant n'est plus alors glorification, mais plainte d'amour. Nous verrons qu'à l'inverse, chez Bachmann, l'union de la musique et de la poésie, représentée par Orphée, est placée sous le signe de l'union d'amour, mais d'une union qui, loin d'aboutir à la fusion pacificatrice puis funeste, débouche au contraire sur la subversion.

Ainsi, le recours aux mythes permet à Bachmann d'affirmer, et de mettre en œuvre grâce à la collaboration avec Henze, la nécessité du lien entre musique et poésie, retrouvant peut-être ainsi un lien antérieur à une tradition telle qu'elle a pu être fixée à un certain moment de l'Antiquité par l'écriture des mythes. Cependant, quoi qu'il en soit, dans tous les cas, sa réécriture des mythes est une

[6] Du fait de sa double ascendance paternelle, Apollon et Oeagre, le soleil et le fleuve.
[7] Cf. Annick Béague, Jacques Boulogne, Alain Deremetz, Françoise Toulze, *Les Visages d'Orphée*, Septentrion, 1998, p. 32.

réécriture démystifiante, car opérant des *déplacements* ou *renversements* iconoclastes par rapport à la tradition ; il ne s'agit pas en effet de prôner le retour à un état de fait réel ou mythique, mais d'en trouver de nouvelles modalités, conformément aux nouvelles exigences de la réalité politique. Retrouver le lien entre musique et poésie, c'est en quelque sorte, nous le verrons, un moyen de faire autrement de la « politique », au sens antique du mot.

C'est de plus, et plus largement — mais n'est-ce pas là encore un geste fondamentalement « politique » ? — une façon d'affirmer la non-opposition des contraires : toutes les frontières et hiérarchies, que fixent les mythes, tels qu'ils nous sont transmis par Homère, Platon, Ovide, sont abolies. Dans le lien retrouvé entre musique et poésie, c'est donc également la volonté de transgresser les catégories de genre, l'opposition entre prose et poésie, entre art et philosophie, entre art et réalité ou encore entre masculin et féminin qui se fait jour.

Musik, Dichtung und Wahrheit / Musique, poésie et vérité. La voix humaine

En 1958, Bachmann écrit l'essai *Musik und Dichtung* (Musique et poésie)[8], dans lequel il est déjà question du rapport de l'art, ici plus particulièrement de la musique, à la vérité, un thème qu'elle reprendra un an plus tard dans le discours *Die Wahrheit ist dem Menschen zumutbar* (*On peut exiger de l'homme qu'il affronte la vérité*)[9]. Depuis son travail de thèse de doctorat de philosophie, portant sur la réception critique de Martin Heidegger approché en particulier à partir de Wittgenstein, Bachmann pense qu'il y a de l'indicible, que la vérité est indicible, extérieure au langage, qu'elle ne peut se dire, mais qu'elle « se montre » (terme que Wittgenstein réserve à la réalité mystique), et qu'elle ne peut être cernée, mais seulement approchée[10]. Cependant les limites du langage ne renvoient pas chez elle à une

[8] Le titre de Bachmann est sans doute un clin d'œil au célèbre titre de Gœthe *Dichtung und Wahrheit*, et c'est bien en effet d'une extension de la problématique à la musique dont il est question dans l'essai de l'Autrichienne traitant toujours des limites du langage. C'est pourquoi le titre de ce paragraphe rassemble les deux titres.

[9] Pour le texte allemand de ce discours, Cf. *Werke, op. cit.*, IV, p. 275. Pour le texte en français, Cf. *Ingeborg Bachmann*, textes réunis par Françoise Rétif, *Europe*, Revue littéraire mensuelle, août-septembre 2003, p. 37.

[10] Cf. le discours *Die Wahrheit ist dem Menschen zumutbar* (*On peut exiger de l'homme qu'il affronte la vérité*), *op. cit.* note 9.

réalité métaphysique, mais à une réalité immanente, physique, un absolu perçu par le corps, à même le corps, un accord mystique avec le monde, que seule la musique — et l'amour — sont capables d'approcher. Les mots, non[11].

Cette conviction est sans aucun doute ancrée dans l'enfance. Dans l'interview du 5 mai 1973, Bachmann confesse qu'elle a d'abord, dans son enfance, commencé par vouloir composer de la musique, et qu'elle ne s'est mise à écrire que lorsqu'elle a compris qu'elle n'était pas assez douée pour composer. Cependant, il lui est resté de cette expérience « un rapport particulier à la musique »[12]. La musique incarne pour elle un absolu inaccessible. Dans une autre interview, celle du 21 mars 1971, elle affirme : « La musique m'aide, puisqu'en elle se montre à moi l'absolu qui est inaccessible dans le langage ou dans la littérature, parce que je tiens la musique pour supérieure, et ai donc une relation désespérée (« hoffnungslos ») envers elle »[13].

Mais la femme férue de philosophie qu'est aussi Bachmann ne se contente pas de ces raisons subjectives pour justifier son attachement à la musique. La musique est définie dans son rapport à l'espace et au temps, un rapport qui lui interdit de se fixer. Dans un autre essai, *Die wunderliche Musik* (Etonnante musique[14]), légèrement antérieur à *Musik und Dichtung*, elle écrit : « La musique reste irréelle comme image et passe dans l'instant où elle résonne »[15]. La musique, contrairement au langage, ne se laisse pas fixer, ne produit pas d'*image*, dans le sens que Bachmann donne le plus souvent au mot, celui de cliché[16]. La musique passe, coule, ne s'arrête à aucun point fixe de l'espace ni du temps. C'est cette nature, cette matérialité particulière de la musique qui lui permet d'avoir ce rapport particulier à la vérité telle que la conçoit Bachmann, c'est-à-dire comme « une

---

[11] À ce propos, voir Françoise Rétif, « L'indicible et *l'insacrifiable*. De Wittgenstein à Jean-Luc Nancy ou le parcours inachevé d'Ingeborg Bachmann », in : F.R. (dir.), *L'indicible dans l'espace franco-germanique au XXe siècle*, Paris, L'Harmattan, 2004, p. 89-105.

[12] Ingeborg Bachmann, *Wir müssen wahre Sätze finden*, München, Piper Verlag, 1983, p. 124. Toutes les citations extraites de l'œuvre ou d'interviews de Bachmann sont traduites par moi.

[13] *Ibid.*, p. 85.

[14] Inédit en français.

[15] *Werke, op. cit.*, IV, p. 52.

[16] Cf. par exemple la nouvelle *Ein Schritt nach Gomorrha* (*Un pas vers Gomorrhe*) dans *Das dreißigste Jahr* (La trentième année) : « Ich bin in kein Bild hineingeboren ».

tension au contact de laquelle nous grandissons (...) un but qui s'éloigne à chaque fois que nous nous en approchons »[17]. Comme l'écrit Hélène Cixous, chez Bachmann « le délogement est incessant »[18]. Et les mots alliés à la musique peuvent enfin être tels qu'elle l'exige dans le célèbre chiasme du poème *Ihr Worte* : « Bezeichnend nicht, so auch nicht zeichenlos » (ne désignant pas, mais pas non plus sans signe »), formule qui n'est pas sans rappeler là encore une formule de Gœthe « zugleich bedeutend und deutungslos » (à la fois signifiant et sans rien expliquer)[19]. C'est en cela qu'ils atteignent l'indicible :

> Tu ne dois pas pleurer
> dit une musique.
>
> Sinon
> personne
> ne dit
> rien.[20]

Entre musique et langage, entre langage et silence, il y a la voix. La voix humaine, lieu privilégié de l'union des sons et des mots, représente pour Bachmann en effet, à l'inverse de la voix « inhumaine » des cigales, « le moment où poésie et musique concourent ensemble à l'instant de vérité » (*Musik und Dichtung*)[21]. C'est pourquoi, ajoute-t-elle, « il est temps de prêter attention à la voix de l'être humain ». Non seulement Bachmann lui reconnaît la « distinction qui consiste à servir l'approche désespérée de la perfection ». Mais, de plus, elle seule peut nous permettre de « revenir du silence » (*Leçons de Francfort*) :

---

[17] Cf. O*n peut exiger de l'homme qu'il affronte la* vérité, *Ingeborg Bachmann, Europe, op. cit.*, p. 38.

[18] Hélène Cixous, « Au temps d'Anna », in : *Europe*, revue littéraire mensuelle, *op. cit.*, p. 83.

[19] Gœthe utilise ce chiasme pour qualifier le *Märchen* qui clôt les *Unterhaltungen deutscher Ausgewanderten* (1795) dans une lettre à Wilhelm von Humboldt de mai 1796.

[20] Extrait du poème *Enigme* (écrit entre 1964 et 1966) écrit en hommage à Hans Werner Henze (exergue : « Pour Hans Werner Henze en souvenir des *arioso »).* Cf. *Ingeborg Bachmann, Europe, op. cit.*, p. 36 et *Werke, op. cit.*, tome 1, p. 171. Traduction Françoise Rétif.

[21] *Werke, op.cit.*, IV, p. 62.

> Sur cette étoile allant s'obscurcissant que nous habitons, proches du silence, reculant devant la folie grandissante, abandonnant les pays de cœur, avant de quitter toute pensée et prenant congé de tant de sentiments, qui ne comprendrait pas soudain — quand elle résonne encore une fois, quand elle résonne pour lui — ce que c'est : une voix humaine.[22]

Dans ce rapport privilégié à la musique, il ne s'agit donc pas simplement pour Bachmann de rendre la poésie plus *musicale*, plus jolie, plus agréable à entendre ; la musique n'est pas un ornement, une qualité de la poésie ou de la prose. Il ne s'agit pas non plus d'évoquer avec nostalgie l'origine commune de la poésie et de la musique. Les propos recueillis par Gerda Haller, pour le film qu'elle a tourné peu avant la mort de Bachmann, sont définitifs et tout à fait paradoxaux par rapport à la conception habituelle du rapport entre poésie et musique[23]: « Je refuse les expressions 'prose musicale', 'lyrisme musical', cela n'existe pas la prose musicale ou le lyrisme musical. La musique est tout autre chose. La musique est quelque chose qui exige une oreille absolue, un sens absolu de la composition »[24]. Et dans l'essai *Musik und Dichtung* : « Les mots cherchent depuis longtemps pas seulement l'accompagnement que la musique ne peut leur donner. Pas un environnement décoratif de sons. Mais l'union. Le nouvel état dans lequel ils renoncent à leur autonomie et gagnent une nouvelle force de conviction grâce à la musique. Et la musique ne cherche pas le texte anodin comme prétexte, mais une langue de grande valeur au contact de laquelle elle puisse éprouver sa propre valeur. (...) La musique renonce à l'ascèse, accepte une limite au nombre des limites, se fait fragile et vulnérable »[25]. C'est ici la pensée que nous avions évoquée à propos de *Die Zikaden :* le lien entre musique et poésie est au centre de la création de Henze comme de Bachmann, car c'est pour eux le moyen de dépasser les limites de leur art respectif. Il s'agit pour Henze, se refusant à enfermer la musique dans une tour d'ivoire, mais désirant au contraire l'ancrer dans la réalité humaine et politique, de marquer sa distance par rapport à une certaine avant-garde musicale

---

[22] *Werke, op. cit.*, IV, p. 188. Ce passage contient des citations implicites de Paul Celan. Nous comprendrons plus tard pourquoi.

[23] Ainsi que le remarque Corina Caduff dans : *« Dadim dadam » — Figuren der Musik in der Literatur Ingeborg Bachmanns*, Böhlau Verlag, 1998, p. 29.

[24] Cité dans : Andreas Hapkemeyer (Hg.), *Ingeborg Bachmann. Bilder aus ihrem Leben*, München, Piper Verlag, 1983, p. 82.

[25] *Werke, op. cit.*, IV, 60.

qui doute toujours plus « que des relations (entre musique et poésie) soient encore possibles »[26]. Pour Bachmann, il s'agit de dépasser les limites du langage et d'approcher au plus près une vérité inaccessible aux seuls mots.

Par ailleurs, l'absolu, la vérité, la perfection, dont il est question, n'ont pas de but pratique, utilitaire ni même artistique ; « il est temps », nous dit Bachmann, « de comprendre que la voix n'est pas un moyen »[27] ; même quand elle loue la voix de Maria Callas, ce n'est pas en tant que « miracle vocal » : « il ne s'agit pas seulement d'une voix, en un temps où l'on peut entendre tant de voix extraordinaires »[28] : il s'agit de la vie, de l'expression la plus vivante, la plus forte et la plus authentique de l'humain — c'est-à-dire l'art : « ecco un artista »[29]. C'est justement dans la mesure où elle n'est pas « un instrument sûr, un appareil réussi, un outil » que la voix humaine nous fait entrevoir une vérité au-delà des mots. Comme Ondine, j'y reviendrai, la voix humaine, dont Maria Callas est l'emblème, incarne l'art dans la mesure où elle « n'est destinée à aucun usage ». Comme Ondine[30], elle incarne une autre forme de logique, qui peut être commune à la littérature et à la musique.

La logique musicale. Nachtstücke und Arien

On ne peut parler de la pensée de la musique et de son rapport à la poésie chez Bachmann et Henze sans évoquer Adorno et ses écrits sur la musique. Le philosophe musicien, auteur d'une étude sur *La philosophie de la nouvelle musique* (1949) auquel se réfère Henze, lui-même influencé par Bachmann, dans sa polémique avec les musiciens dodécaphonistes, avait écrit en 1953, dans un essai intitulé *Über das gegenwärtige Verhältnis von Philosophie und Musik* (*Au sujet du rapport actuel entre philosophie et musique*), que « c'est dans son

[26] Cf. Henze, dans « Musik und Politik », cité par Katja Schmidt-Wistoff, *Dichtung und Musik bei Ingeborg Bachmann und Hans Werner Henze*, München, Iudicium, 2001, p. 73.

[27] *Ibid.*, p. 62.

[28] *Hommage à Maria Callas*, *ibid.*, p. 342.

[29] *Ibid.*, p. 343.

[30] Il est intéressant de noter que Bachmann utilise la même formule, d'ailleurs empruntée à Büchner, pour désigner ce qu'incarnent Callas et Ondine : « Die Kunst, ach, die Kunst ». Cf. texte sur Callas, *Werke*, *op. cit.*, IV, p. 343 et Interview du 5 novembre 1964, in : Ingeborg Bachmann, *Wir müssen wahre Sätze finden*, *op. cit.*, p. 46.

effort sans espoir[31] pour atteindre le nom (l'absolu comme son) que réside la relation entre musique et philosophie, dont la musique est dans son idée incomparablement plus proche que de n'importe quel autre art »[32]. Dans l'essai *Der Essay als Form* (*L'essai comme forme*) paru justement en 1958, Adorno définit la « logique musicale » comme « l'art rigoureux et pourtant non conceptuel du passage ». Cette logique, à laquelle selon Adorno obéit l'essai, n'est pas le refus de la logique, mais une autre logique que la logique discursive, une autre logique qui cherche à récupérer pour le langage du discours « quelque chose qu'il a perdu sous l'emprise de la logique discursive », notamment « la tension entre la représentation et la chose présentée »[33].

C'est cette autre logique qui seule peut permettre, selon Bachmann, d'approcher cette autre vérité que nous avons évoquée plus haut. Pas plus que la musique, cette logique n'est synonyme d'irrationalité. Dans l'interview de mars 1971, à Ekkehart Rudolph affirmant que « la musique a une composante irrationnelle », Bachmann répond : « Ne dites pas cela à un compositeur ! ». Cette réponse ne suffit pas à décourager l'interviewer qui poursuit : « L'irrationnel joue aussi chez vous un certain rôle ? Je pense là en premier lieu à la pièce radiophonique *Der gute Gott von Manhattan* (*Le Bon dieu de Manhattan*) ». Et l'écrivaine de répondre, catégorique : « C'est une pièce construite de façon très rationnelle, qui comprend des choses très précises »[34]. À propos d'une autre œuvre, le roman *Malina*, un interviewer un peu plus subtil lui faisant remarquer que la « composition » y joue un rôle essentiel, elle affirme : « La composition a toujours joué un grand rôle pour moi »[35]. Et d'insister sur le fait que tout élément de son œuvre est dépendant, imbriqué dans un autre, et que rien ne peut être supprimé impunément ; le mot « composition » doit être compris chez elle, de fait, dans la double acception qui est la sienne en allemand : construction d'une œuvre artistique, essentiellement d'une œuvre musicale. Pas d'irrationnel donc, mais une autre façon de composer, dans laquelle la

---

[31] « hoffnungslos » : adjectif utilisé également par Bachmann pour qualifier le rapport de l'écriture à la musique, Cf. citation correspondant à la note 6.

[32] Cité par Sigrid Weigel, in : S. W., *Ingeborg Bachmann*, Wien, Paul Zsolnay Verlag, 1999 , p.162.

[33] Theodor W. Adorno, *Notes sur la littérature*, Paris, Flammarion, 1984, p. 27. Là encore on reconnaît dans le mot « tension » un élément du lexique bachmannien.

[34] *Wir müssen wahre Sätze finden, op. cit.*, p. 86.

[35] *Wir müssen wahre Sätze finden, op. cit.*, p. 96.

juxtaposition, l'association, la profondeur spatiale, la stratification synchronique, la polyphonie, la « confusion » au sens romantique du terme, la tension et la non-contradiction des contraires prévalent sur le déroulement du fil narratif.

Le refus d'une certaine rationalité et d'une certaine logique n'est pas assimilable à l'irrationalité ni au refus de toute logique. Bachmann est à la recherche d'une *autre forme* de logique ; à l'aide d'Adorno et de la musique, d'un côté ; par Heidegger et la déconstruction de la métaphysique, de l'autre, mais c'est un autre sujet. Cependant il n'y a pas plus *une* musique qu'il n'y a *une* philosophie. Et il semblerait que la logique musicale, sauf quand elle est opposée à la logique discursive, comme c'est le cas dans le texte d'Adorno sur la forme de l'essai, puisse elle-même être déclinée au pluriel. En 1949 en effet, deux ans après *Die Dialektik der Aufklärung* (*La Dialectique de la raison*), Adorno publie son premier livre en Allemagne, *Philosophie der neuen Musik* (*Philosophie de la nouvelle musique*) ; dans cet ouvrage, il stigmatise le dodécaphonisme comme « système de domination de la nature ». Selon lui, le dodécaphonisme

> correspond à une nostalgie qui vient de la préhistoire bourgeoise : saisir en lui assignant un ordre tout ce qui résonne et dissoudre l'être magique de la musique dans la raison humaine. (...) Le dodécaphonisme enchaîne la musique en la libérant. Le sujet domine la musique par le système rationnel, pour se soumettre lui-même au système rationnel. (...) Du sujet expressionniste il ne reste finalement que la soumission objective à la technique[36].

La logique musicale du dodécaphonisme apparaît, dépeinte par Adorno, voisine de ce qu'il nomme, dans *Die Dialektik der Aufklärung*, « la raison instrumentale ». Car la loi du passage, pourtant caractéristique de la musique, y est inféodée aux impératifs de la technique[37], et donc pour ainsi dire dévoyée.

Toutes les œuvres que Henze et Bachmann produiront ensemble combattent la tendance dodécaphoniste. Ne serait-ce que par le fait

---

[36] Theodor W. Adorno, *Philosophie der neuen Musik*, suhrkamp taschenbuch wissenschaft n°239, p. 65-66 et 68.
[37] *Id. ibid.*, p. 61.

qu'ils restent attachés à l'alliance des mots et des sons, à la recherche du sens par-delà le sens. « L'émancipation de la musique aujourd'hui signifie son émancipation du langage des mots », note Adorno, « et c'est elle qui transparaît dans la destruction du sens. Les théoriciens de la « neue Sachlichkeit » tiennent pour essentielles la restitution de la musique « absolue » et sa purification de tout élément romantique-subjectif. Ce qui a lieu en vérité est la dissociation du sens et de l'expression »[38]. De plus, il s'agit pour Henze comme pour Bachmann de réaffirmer la magie de la musique et son origine naturelle. La musique est pour Bachmann le lieu par excellence où peuvent être levés le vieux dualisme, l'opposition millénaire entre corps et esprit, sens et intellect, nature et civilisation, nature et art. Ainsi évoque-t-elle dans l'essai *Die wunderliche Musik* la matérialité, l'origine naturelle, sylvestre des instruments qui entrent dans l'orchestre comme les animaux sauvages dans l'arène. Ou bien elle décrit avec humour toutes les espèces de pavillons qui nous servent d'oreille, poilus, propres ou sales, « coquillages des profondeurs attirés à la lumière », « avec de grands lobes pour les boucles qui balancent et résonnent », etc. La musique contient et comprend les contraires sans les absorber dans la synthèse : elle permet leur coexistence. C'est en cela, et c'est le point essentiel, que la musique est l'art du passage : parce qu'elle dépasse les oppositions et transgresse les limites. En elle-même et hors d'elle-même, vers l'autre, que ce soit l'autre art ou le monde. La pensée d'Adorno affleure partout dans la volonté de Bachmann et Henze de réunir poésie et musique : il s'agit de (re)trouver une voie/voix de la raison qui ne nie pas la nature, le corps, les émotions, la passion, la magie. C'est là que réside une part de leur « engagement ».

Cet engagement-là allait à l'encontre des tendances de l'époque. Je ne parle pas ici des formes d'engagement, telles que le combat contre le réarmement durant la période de la guerre froide, ni du combat contre l'arme nucléaire tel qu'il est illustré par le deuxième poème de Bachmann mis en musique par Henze *Mit schlaftrunkenen Augen*. Je parle de l'engagement de la poésie contre la prose (au contraire de Sartre) ou de l'union de la poésie et de la musique pour le sens, contre les tendances dominantes de la musique sérielle[39]. Dans

---

[38] *Id. ibid.*, p. 121-122.

[39] Là encore, il faut se méfier bien sûr des jugements trop globaux, car le dodécaphonisme est lui-même pluriel, il a subi des évolutions et a remis à l'honneur le *Sprechgesang*. N'oublions pas le rôle joué par *Pierrot lunaire* dans le roman *Malina*.

un entretien datant du 20 octobre 1999 entre Hans Werner Henze et Peter Ruzicka, qui dirigea les *Nachtstücke und Arien* tels qu'ils sont enregistrés sur le disque contenant également « Drei sinfonische etüden », « quattro poemi » et « la selva incantata »[40], Henze raconte comment Stockhausen, Boulez et Nono, lors de la première de ces pièces, en 1957, quittèrent la salle « après les quinze premières mesures, non pas discrètement sur la pointe des pieds, mais de façon à ce que tout le monde puisse les voir et les entendre »[41]. Et Henze d'ajouter : « Comme Adorno le savait déjà lui-même, on ne peut plus — quand on fait tout en système dodécaphonique — représenter les rapports sociaux et humains. Mais c'est cependant ce que j'avais à cœur : un théâtre musical, distrayant et plausible, naturel et émouvant pour le sentiment de l'auditeur bienveillant ».

Mais qu'est-ce qui permet de dire que la musique va plus loin que les mots ? Que les mots vont plus loin avec la musique ? « Qu'est-ce que la musique ? » demande Bachmann dans l'essai *Musik und Dichtung*, dont les divers paragraphes, par approches juxtaposées, évoquent chacun un aspect différent, dans des formes différentes, variées et libres, de la question posée — variations libres sur un thème, exemple parfait de « logique musicale ». « Qu'est-ce que ce son qui vous donne la nostalgie ? » Qu'est-ce qui fait que le poème *Im Gewitter der Rosen* nous « dit » plus lorsque nous l'écoutons que lorsque nous le lisons ?

Im Gewitter der Rosen (Aria 1)

Wohin wir uns wenden im Gewitter der Rosen,
ist die Nacht von Dornen erhellt, und der Donner
des Laubs, das so leise war in den Büschen,
folgt uns jetzt auf dem Fuß.

Wo immer gelöscht wird, was die Rosen entzünden,
Schwemmt Regen uns in den Fluß. O fernere Nacht !
Doch ein Blatt, das uns traf, treibt auf den Wellen
bis zur Mündung uns nach.

---

[40] Disque WERGO 6637 2
[41] Voir la pochette du disque p. 8.

Dans l'orage de roses (Aria 1)

Où que nous allions sous l'orage de roses
la nuit est éclairée d'épines, et le tonnerre
du feuillage, naguère si faible dans les buissons,
est maintenant sur nos talons.

Où toujours on éteint ce qu'enflamment les roses
la pluie au fleuve nous emporte. Ô nuit plus lointaine !
Une feuille pourtant, qui nous toucha, sur les ondes dérive
derrière nous jusqu'à l'embouchure.[42]

Pour donner toutes ses chances à l'évocation, il faut peut-être mentionner que le poème s'inscrit non seulement dans la très belle, très heureuse et très triste histoire des rapports entre Ingeborg Bachmann, la poétesse, et Hans Werner Henze, le musicien, mais aussi dans celle de la poétesse et du poète Paul Celan, puisque la première strophe, publiée en 1953, est un écho du poème *Stille* de Celan, et que la deuxième fut écrite à la demande de Henze, en sachant que le tout fut envoyé à Celan dans une lettre de 1958. L'amour ou l'amitié amoureuse pour ces deux créateurs symbolisaient sans doute pour la créatrice l'idéal dont elle rêvait : l'union de musique et de poésie placée sous le signe de l'amour.

D'Orphée à Ondine

Je le disais dans l'introduction, le chant d'Orphée, dans la tradition, dit la perte d'amour, déclame la plainte. On peut même aller jusqu'à dire, comme l'a fait Hélène Cixous commentant *Sei allem Abschied voran* de Rilke, que le chant d'Orphée a lieu *au prix du renoncement à Eurydice.* « Ecrire commence avec le regard d'Orphée », affirme Maurice Blanchot dans *L'Espace littéraire.*

Nous assistons chez Bachmann, dans le dialogue poétique ou musical qu'elle noue avec Henze et Celan, à un déplacement hautement significatif : Orphée n'a pas seulement, comme dans le texte d'Ovide, le pouvoir d'attendrir et « d'entraîner à sa suite les

[42] Traduction Françoise Rétif.

forêts, les animaux sauvages, les rochers », ou encore d'arrêter les pierres lancées contre lui par les femmes furieuses d'être délaissées[43]. Il a le pouvoir de faire fleurir la pierre. « Faire fleurir la pierre », image employée pour la première fois par Paul Celan dans le poème *Corona*, dont on sait qu'il est, d'une façon ou d'une autre, étroitement associé à la relation amoureuse et poétique ayant existé entre le poète juif et la jeune poétesse autrichienne rencontrée à Vienne en 1948[44] — cette image est reprise par Bachmann dans deux textes éminemment programmatiques, l'un étant un « manifeste » poétologique ou tout autant une déclaration d'amour tenant lieu de déclaration poétologique, *Das Gedicht an den Leser* (*Le poème au lecteur*)[45], l'autre étant l'essai consacré à sa conception de la relation entre poésie et musique, *Musik und Dichtung.* Cette image reprise par la poétesse et faisant explicitement référence au poème de l'amant est donc chargée d'une haute signification implicite : elle incarne le dialogue amoureux *et* poétologique du poète et de la poétesse, ainsi que le dialogue des mots et de la musique :

> Ensemble et dans l'enthousiasme l'un pour l'autre, la musique et le mot sont un scandale, une révolte, un amour, une confession. Ils maintiennent les morts éveillés et dérangent les vivants, ils précèdent l'exigence de liberté et servent l'inconvenance jusqu'au sommeil. Ils nourrissent au plus haut point l'intention d'agir. C'est ainsi qu'il faudrait soulever la pierre et la tenir avec un espoir effréné, jusqu'à ce qu'elle fleurisse, comme la musique soulève un mot et le transfigure avec sa force sonore[46].

Une même image (« la pierre qui fleurit ») symbolise donc chez Bachmann à la fois l'union d'amour de l'homme et de la femme, l'union accomplie des mots et de la musique et le dialogue poétique de deux poètes ou plus exactement du poète et de la poétesse. L'union de

---

[43] Cf. Ovide, *Les Métamorphoses*, livre XI.
[44] C'est à Vienne, en 1948, que Paul Celan écrivit le poème *Corona*, qu'il dédicacera plus tard à Ingeborg Bachmann, avec vingt-trois autres poèmes du recueil *Pavot et mémoire*.
[45] Pour le texte en français, Cf. *Ingeborg Bachmann*, *Europe*, revue littéraire mensuelle, *op. cit.*, p. 128. « Te suivre, je voudrais te suivre, lorsque tu seras mort, me retourner vers toi, même si je risque d'être changée en pierre, je voudrais résonner, faire pleurer les animaux et fleurir les pierres (…) ».
[46] *Werke*, *op. cit.*, IV, p. 63.

la poésie et de la musique, comme le dialogue des œuvres du poète et de la poétesse, est indissociable de l'amour, c'est-à-dire, il faut le souligner, d'une autre relation à l'autre, d'une relation à l'autre encore à inventer et qui relève de la notion de « grenzen », préfigurant ce que Jean-Luc Nancy nommera plus tard le « toucher à » et l'amour comme « exposition » à l'autre[47]. L'amour, chez Bachmann, n'a rien d'idyllique. Il est avant tout subversif. Le mythe d'Orphée se situe donc, pour elle, à l'articulation de trois registres, les reliant indissociablement et définitivement : au niveau existentiel et psychologique, il s'agit d'une histoire d'amour, une histoire d'amour qui cependant réaffirme, au niveau poétologique, la nécessité, à l'époque moderne, du lien entre poésie et musique. Mais qui, également, et ceci pour la première fois dans l'histoire du mythe, dit la nécessité de la relation entre la poétesse et le musicien ou entre le poète et la poétesse. En d'autres termes, pour la première fois, le mythe, loin d'affirmer la nécessaire exclusion d'Eurydice, fait d'elle au contraire une poétesse, à égalité avec Orphée. Il signifie en outre le renoncement à cette *mimesis* du sacrifice qu'incarne la séparation avec Eurydice[48].

L'union de poésie et de musique ne se fait toutefois pas seulement chez Bachmann par le recours commun au mythe d'Orphée, sous la forme d'une métaphore nouvelle, dans deux textes se référant l'un à la poésie, l'autre à la musique. En effet, si l'essai *Musik und Dichtung* se rapporte ouvertement et directement à la collaboration avec Hans Werner Henze en son moment le plus intense, il est également, secrètement, adressé à Paul Celan, et même doublement adressé à Celan : en premier lieu parce qu'on sait que Bachmann le lui

---

[47] Cf. à ce propos l'article de Jean-Luc Nancy dans *Une Pensée finie* « L'amour en éclats », où il identifie la pensée à l'amour. À propos de tout ce qui, dans l'œuvre de Bachmann, préfigure la pensée de Jean-Luc Nancy, voir les articles de F.R. : « *Le Livre à venir*. Ingeborg Bachmanns Lektüre von Maurice Blanchot », in : *Ingeborg Bachmann, eine Europäerin in Rom*, Hg. von Robert Pichl und Barbara Agnese, *Cultura tedesca*, Editions Donzelli, Rome, 2004 ; « Der *Malina*-Roman als *Livre à venir* », In : Jeanne Benay (Hg.), *Und wir werden frei sein, freier als je von jeder Freiheit ». Die Autorin Ingeborg Bachmann*, Wien, praesens, 2005, p. 39-63 ; « Konstruktion und Dekonstruktion der Geschlechterdifferenzen », in : *Weimarer Beiträge*, Heft 4, 2006. À paraître : « Der paradoxe Ort von Ingeborg Bachmanns Dekonstruktion. 'Das Denken ist Liebe' », in : Barbara Agnese, Robert Pichl (Hrsg.) : *Topographien einer Künstlerpersönlichkeit*, Internationales Ingeborg Bachmann-Symposium, Wien, 2-3 Juni 2006.

[48] Cf. à propos de la *mimesis* du sacrifice, J.-L. Nancy, « L'insacrifiable », in : *Une pensée finie*, Paris, Galilée, 1990, p. 89.

envoya, puisqu'il a été retrouvé dans l'exemplaire du recueil de poèmes *Die gestundete Zeit* (*Le Temps en sursis*) que possédait Celan[49] ; deuxièmement, parce qu'il apparaît que l'écrivaine, en plus de l'image de la pierre qui fleurit, reprend à son compte, de façon récurrente, et en l'appliquant au rapport entre les deux arts, la formule injonctive de *Corona*, « il est temps » : « Car il est temps de prêter attention à la voix de l'être humain »/ (« Denn es ist Zeit, ein Einsehen zu haben mit der Stimme des Menschen »)[50]. Si cependant dans *Corona*, en 1948, Celan écrivait : « Es ist Zeit, dass der Stein sich zu blühen bequemt » (« il est temps que la pierre se résolve à fleurir »), dans le poème *Nacht* du recueil *Sprachgitter* (1959), le ton est tout autre, seule la pierre parlant à l'autre pierre dans la nuit peut être audible: « Audible (avant le jour ?): une pierre/ qui en prit une autre pour cible » (« Hörbar (vor Morgen ?): ein Stein,/ der den andern zum Ziel nahm »). L'engagement de Bachmann pour la voix humaine, pour l'union de la musique et de la poésie, est donc non seulement une trace de mémoire, de mémoire d'amour, mais aussi et surtout une réponse à Celan, puisque le poème *Nacht*, comme le recueil dont il est issu, *Sprachgitter*, fait partie du dialogue secret et crypté qui parcourt l'œuvre des deux poètes[51] : Celan l'envoya à Bachmann dans la lettre du 17 novembre 1957. L'engagement de Bachmann pour la voix humaine est l'expression de la foi que la fleur peut toujours fleurir sur la pierre, que la vie et l'amour sont plus forts que la mort, ce qu'elle exprime d'une autre façon dans le poème *Dunkles zu sagen*, autre pièce de ce puzzle secret qu'est le dialogue entre les deux poètes. Dans ce poème aussi, c'est le pouvoir de vie d'Orphée, indissociable ici, de façon remarquable, d'Eurydice, même si elle n'est pas nommée[52], qui triomphe finalement — son pouvoir de ramener Eurydice *au grand jour* :

> Aber wie Orpheus weiß ich
> Auf der Seite des Todes das Leben

[49] Cf. Françoise Rétif, « Entre ombre et lumière. Bachmann, Celan et le mythe d'Orphée », in : *Ingeborg Bachmann, Europe*, Revue littéraire mensuelle, août-septembre 2003, p. 104.

[50] Si le recueil *Sprachgitter* ne parut qu'en 1959, Celan commença à écrire beaucoup des poèmes qui le composent dès 1957 et les joignait à ses lettres à Ingeborg Bachmann. Cf. article cité dans la note ci-dessus.

[51] Voir Rétif, « Entre ombre et lumière. Bachmann, Celan et le mythe d'Orphée », *Europe*, *op. cit.*, p. 116-117.

[52] Une étude précise du poème montrerait que Bachmann renoue avec l'Orphée ambivalent originel. Orphée est Eurydice et Eurydice Orphée. La différence des sexes est *indécidable*.

und mir blaut
dein für immer geschlossenes Aug.

Mais comme Orphée je sais
du côté de la mort la vie
et pour moi bleuit à l'horizon*
ton œil à jamais fermé.[53]

La mort n'est ni niée, ni acceptée ; mais, par la force de l'amour, c'est la vie qui a le dernier mot. Et par la force des mots : tout le poème joue sur l'homonymie entre les mots allemands « Saite » (corde) et « Seite » (côté) : dans la première strophe, Orphée « joue sur les cordes de la vie la mort » (« auf den Saiten des Lebens den Tod ») ; dans la dernière « du côté de la vie la mort » (auf der Seite des Todes das Leben »). La vie et la mort ne se jouent pas « entre les lignes », mais entre les cordes et les mots, c'est-à-dire entre musique et poésie. C'est dans l'écho et l'écart entre musique et poésie que se joue la force de l'utopie qui voit « la vie du côté de la mort ».

Ce n'est donc pas Orphée, incarnant l'utopie de la co-existence des contraires, mais Ondine, la sirène, qui chante, chez Bachmann, la plainte d'amour et l'union impossible ; et ce n'est pas la mort qui sépare, mais l'incapacité de l'homme à aimer. La nouvelle *Undine geht* (Ondine s'en va) fait date dans l'histoire de la littérature et de l'art, car non seulement la sirène, reprenant corps, remonte sur terre de son plein gré, mais de plus, pour la première fois, elle prend voix, elle prend chant sur terre — pour la première fois dans la littérature occidentale, elle *se fait être* elle-même l'incarnation de l'art, et *l'incarnation d'un art qui est chant* — comme Maria Callas, « die Kunst, ach die Kunst »[54]. L'Ondine de Ingeborg Bachmann ne fait pas qu'incarner l'art *: elle incarne un art qui incarne lui-même une autre logique*, celle du *passage et de la non-contradiction*, la logique *musicale*. Ondine, contrairement aux autres sirènes qui la précédaient, non seulement décide d'elle-même de « venir » ou de « partir », mais de plus elle franchit allègrement la frontière de l'eau, « la frontière

---

[53] *Dunkles zu sagen*, première publication 1952. Le verbe allemand « blauen » s'emploie essentiellement pour le ciel, ce qui n'est pas le cas de « bleuir » en français ; l'horizon apporte donc cette nuance supplémentaire absolument nécessaire.

[54] Cf. *Werke, op. cit.*, IV, 343. L'expression, empruntée à Büchner, reprise par Celan dans *Le Méridien*, est appliquée non seulement à Maria Callas, mais aussi à Ondine, dans une interview (5 novembre 1964). Voir note 28.

humide entre (elle) et (elle) »[55]. Elle transgresse la frontière, sans cesse, et dans les deux sens, de son plein gré et elle ne perd rien dans le passage, au contraire, elle passe et repasse, *sa loi, c'est le passage*. L'eau, l'élément d'Ondine, a la structure fluide et mouvante de la musique. Tout le texte dit cette logique du passage et de la non-contradiction, non seulement dans son contenu, mais surtout dans sa forme : parce que les limites des genres sont transgressées ; parce que les paroles d'Ondine « nous introduisent dans un monde d'une grande subtilité où se produit l'effacement des charnières d'opposition, et la dissolution des frontières »[56].

Ondine part, mais elle ne dit pas adieu[57]. Le dernier mot de la nouvelle (et du recueil de nouvelles) est « viens » : « Komm. Nur einmal/ Komm ». Ondine part sur un appel. Le commencement est à la fin, la fin est ouverture vers l'avenir, peut-être même la condition d'un revenir différent[58]. *Ondine s'en va*, cependant avec ce départ et cette dernière nouvelle l'ensemble du recueil ne se clôt pas, la *voix humaine* continue de résonner, disant le refus de l'adieu, le refus de la loi et de la logique de la séparation : « Komm. Nur einmal./ Komm ».

Undine geht ne fut pas mis en musique par Hans Werner Henze. Par contre, il avait, avant même que Bachmann composât sa nouvelle, semble-t-il[59], composé la musique d'un ballet pour ... Ashton, dont l'argument est tiré du conte de Friedrich de la Motte Fouqué. Bachmann et Henze n'écrivirent pas d'opéra sur le thème d'Ondine, même s'ils en écrivirent d'autres[60]. Mais c'est peut-être pour cela que Bachmann chercha à accomplir, seule, avec Ondine, l'union de la musique et du langage à travers la logique musicale. Et dans le roman *Malina*, dix ans plus tard, elle réalisera un «opéra », qui met en scène la dérobade de l'homme. Quant l'homme manque à l'appel, c'est aussi l'union de la musique et de la poésie, fragile utopie, qui est menacée. L'œuvre de Bachmann met en lumière le fait que le rapport entre

---

[55] « Die nasse Grenze zwischen mir und mir ».

[56] Hélène Cixous, *Au temps d'Anna*, in : *Ingeborg Bachmann*, Revue *Europe*, août-septembre 2003, p. 81.

[57] Voir note 1.

[58] Cf. à ce propos : F.R., « Ondine bohémienne », in : Alain Cozic, Jacques Lajarrige, *Traversées du miroir. Mélanges pour Erika Tunner*, Paris, L'Harmattan, 2005.

[59] On ne sait pas exactement quand fut écrit le texte de Bachmann, probablement dès 1958 (publication 1961). La première du ballet de Henze et Ashton, écrit en 1957, eut lieu également en 1958.

[60] *Prinz Friedrich von Homburg, Der junge Lord*. On remarquera que ce sont plus des adaptations de textes (Kleist ou Dostoïevski) que des créations proprement dites.

musique et poésie, à quelque époque que ce soit, ne peut être dissocié de celui qui existe entre les sexes, ou plus exactement entre les rôles sociaux qui ont été assignés aux sexes. Alors le mot genre résonne dans toute sa polysémie !

POÉTIQUE ET MUSICALITÉ CHEZ PAUL VALERY
Le poème *Les pas* et la traduction de Rilke

Emanuel Wendel

Je voudrais aborder le thème de la poésie et de la musique à partir de l'esthétique valéryenne. Toute la réflexion valéryenne sur l'art tourne autour de la différence fondamentale entre prose et poésie. Et pour définir cette différence, Valéry a constamment recours à la musique. La musique apparaît chez Valéry comme l'idée même de l'acte poétique.

Mais comment penser le sens de ce rapport entre poésie et musique ? L'hypothèse que je voudrais défendre avec Valéry et concrétiser ensuite en comparant le poème *Les pas* avec la traduction de Rilke est que le langage poétique n'est pas musical dans la mesure où il imite des structures musicales, où il met en musique un sens déjà préexistant, mais dans la mesure où il transcende l'espace de la signification pour accéder à ce que Valéry appelle « l'état chantant » de la parole[1].

L'état chantant de la parole décrit l'idée d'un mouvement qui est libéré de toute finalité extérieure, un mouvement qui se meut dans lui-même et qui n'existe que par lui-même. Le modèle de ce type de

---

[1] Paul Valéry, *Cahiers II*, Gallimard, Paris, 1974 , p. 1109.

mouvement, Valéry le trouve dans la musique et dans la danse. Dans les *Cahiers*, Valéry dit que la danse

> se passe dans son état, elle se meut dans elle-même et il n'y a en elle aucune tendance propre à l'achèvement. Une formule de la danse pure ne doit rien contenir qui fasse prévoir qu'elle ait un terme ... Elle cesse comme un rêve cesse, lequel pourrait indéfiniment se poursuivre[2].

Ou à propos de la musique de Bach :

> Miraculeuse Suite en Ré Majeur de Bach – Exemple adorable où j'entends ni mélos ni pathos ni rien qui ne soit réel qui ne se développe qu'en soi-même et s'expose sous toutes ses faces sans me voir. Intensité de pureté. Nul emprunt au cœur ni au hasard heureux, ni à moi, ni au passé – quel présent ![3]

La musique de Bach – « une intensité de pureté ». L'adjectif *pur* qui revient fréquemment sous la plume de Valéry pour désigner l'essence de la poésie et de la musique n'a pas, chez Valéry, une connotation moralisatrice. Il exprime le surgissement spontané d'un absolu qui est détaché de toute idée de causalité. La musique est un absolu dans la mesure où elle ne fait aucun emprunt à une réalité extérieure dont elle ne serait qu'une représentation symbolique après coup. Plutôt que de représenter une réalité déjà existante, comme par exemple une peinture peut représenter un paysage ou un roman peut raconter un événement passé, la musique avec son support le plus immatériel qui soit, le son, n'exprime rien que son propre déroulement dans le temps. C'est ce côté immatériel du son, cette lévitation au-delà de la pesanteur des choses qui fait de la musique depuis le romantisme allemand l'art le plus spirituel, l'art le plus à même de nous faire entrevoir un absolu, qui, dans son apparition disparaissante, se dérobe à la clarté des concepts. La musique, dit Schopenhauer dans une formule saisissante, pourrait exister même si le monde n'existait pas[4].

---

[2] Paul Valéry, *Œuvres I*, Gallmard, Paris, 1957, p. 1399.
[3] idem, *Cahiers II*, p. 955.
[4] Arthur Schopenhauer, *Sämtliche Werke* Bd.1, Suhrkamp, Frankfurt am Main, p. .359.

Pour mieux cerner l'inspiration poétique que Valéry a pu puiser dans sa réflexion sur la musique, il convient de revenir sur l'analyse schopenhauerienne qui exerça une influence déterminante sur la pensée esthétique de la fin du XIXe siècle. Le trait le plus marquant de cette analyse est celui qui, à propos de la musique, insiste sur sa « généralité ».

Nous entendons habituellement par *généralité* un processus d'abstraction qui compare des données concrètes pour arriver progressivement à un dénominateur commun. Ainsi fonctionne le concept. Il élimine dans un phénomène tout ce qu'il a de contingent et de circonstanciel pour ne retenir que son essence. Plus le concept gagne en extension, plus il perd la saveur unique et indéfinissable de la chose. La généralité du concept ne s'obtient qu'au prix d'un appauvrissement de l'expérience concrète.

En revanche, la généralité que Schopenhauer attribue à la musique fonctionne exactement en sens inverse. Pour mettre en relief ce renversement, Schopenhauer se sert d'une terminologie scolastique. Alors que les concepts sont des « generalia post rem », c'est-à-dire des synthèses qui sont faites après coup à partir d'une réalité donnée, les sons d'une musique sont des « generalia ante rem », des formes sans contenu et antérieures aux choses, mais d'où procède, comme d'une source de sensibilité pure, toute la gamme des sensations possibles.

Prenons comme exemple une partition. Quand bien même un compositeur aurait voulu mettre en musique une certaine tonalité affective liée à un moment précis de sa vie, la sensation produite par le son est déliée de sa cause occasionnelle et libérée de son enchaînement de motifs. Le son est ainsi la forme d'une affectivité pure qui est capable d'éveiller tout un monde de circonstances particulières, sans qu'il n'y ait, entre le son et le monde qu'il évoque, aucune relation de cause à effet.

Schopenhauer ne cesse de s'émerveiller devant cette géographie enchantée du son :

> Ce rapport étroit entre la musique et l'être vrai des choses nous explique ce fait suivant : si en présence d'un spectacle quelconque, d'une action, d'un événement, de quelque circonstance nous percevons

> les sons d'une musique appropriée, cette musique semble nous en révéler le sens le plus profond, nous en donner l'illustration la plus exacte et la plus claire. Ce même rapport explique également cet autre fait : pendant que nous sommes tout occupés à écouter l'exécution d'une symphonie, il nous semble voir défiler devant nous tous les événements possibles de la vie et du monde ; pourtant, si nous y réfléchissons, nous ne pouvons découvrir aucune analogie entre les airs exécutés et nos visions[5].

La musique comme mise en suspens de la réalité, comme art du possible, voilà également le *leitmotiv* de la réflexion poético-musicale de Valéry[6] : « La musique impuissante à dire les causes, toute-puissante quant aux effets. Toute-puissante pour imprimer des effets dont elle est toute impuissante à énoncer les causes ».[7] Cette géographie enchantée de la musique apparaît pour Valéry encore plus nettement dans la différence de nature entre le son et le bruit :

> Le monde de l'art musical, monde des sons, est bien séparé du monde des bruits. Tandis qu'un bruit se borne à éveiller en nous un événement isolé quelconque – un chien, une porte, une voiture – , un son qui se produit évoque à lui-seul le monde musical. Dans cette salle où je vous parle, où vous entendez le bruit de ma voix, si un diapason ou un instrument bien accordé se mettait à vibrer aussitôt, à peine affecté par ce bruit exceptionnel et pur qui ne peut pas se mêler avec les autres, vous auriez la sensation d'un commencent, le commencement d'un monde ; une atmosphère toute autre serait sur-le-champ créée, un

---

[5] Arthur Schopenhauer, *Le monde comme volonté et comme représentation*, PuF, Paris, 2006, p.335. (« Aus diesem innigen Verhältniß, welches die Musik zum wahren Wesen aller Dinge hat, ist auch Dies zu erklären, dass wenn zu irgendeiner Scene, Handlung, Vorgang, Umgebung, eine passende Musik ertönt, diese uns den geheimsten Sinn derselben aufzuschließen scheint und als der richtigste und deutlichste Kommentar dazu auftritt; imgleichen, dass es dem, der sich dem Eindruck einer Symphonie ganz hingiebt, ist, als sähe er alle möglichen Vorgänge des Lebens und der Welt an sich vorüberziehen: dennoch kann er, wenn er sich besinnt, keine Ähnlichkeit angeben zwischen jenem Tonspiel und den Dingen, die ihm vorschwebten. »

[6] « La musique est le plus pur engin (non chimique) du possible pur », Valéry, *Cahiers II*, p. 974.

[7] Valéry, *Cahiers II*, p. 961.

> ordre nouveau s'annoncerait, et vous-mêmes, vous vous organiseriez inconsciemment pour l'accueillir. L'univers musical était donc en vous, avec tous ses rapports et ses proportions – comme, dans un liquide saturé de sel, un univers cristallin attend le choc moléculaire d'un tout petit cristal pour s'affirmer[8].

Cette distinction entre le son et le bruit contient en germe toute la poétique musicale de Valéry. Le travail de la poésie consiste à faire des « sons avec des bruits »[9], c'est-à-dire à injecter dans le langage de la signification l'oxygène de la possibilité, à transformer le langage discursif, qui est essentiellement gravitation, en lévitation déréalisante pour engendrer une émotion poétique qui est tout à fait le contraire de ce qu'on appelle habituellement pathos ou sentimentalité. La sentimentalité, comme le dit Benjamin, est toujours l'effet d'une paresse de la réflexion, d'un relâchement de la tension interne des mots, alors que l'émotion poétique naît du « manque de force de contenir un objet divin de l'âme, d'en égaler et épuiser l'essence »[10]. Cet éclatement du langage discursif est pour Valéry la condition même de la beauté : « Beauté signifie inexprimabilité ... Inexprimabilité signifie non qu'il n'y ait pas des expressions, mais que toutes les expressions sont incapables de restituer ce qui les excite et que nous avons le sentiment de cette incapacité ou irrationalité comme de véritables propriétés de la chose-cause. »[11]

Le langage poétique est un phénomène de résonance[12]. Dans la résonance, ce qui est dit reste à dire, et inlassablement à dire : « Ce qu'il y a d'excitant dans les idées n'est pas idées ; c'est ce qui n'est point pensé, ce qui est naissant et non né, qui excite. Il faut donc des mots avec lesquels on n'en puisse jamais finir – et qui ne soient

---

[8] Valéry, *Œuvres I*, p. 1367; voir aussi *Cahiers II*, p. 974 : la musique est « l'art du possible. Un son met en état de quasi-présence tout le système des sons – et c'est là ce qui distingue le son du bruit. Le bruit donne des idées de causes qui le produisent, des dispositions d'action, des réflexes. Mais non un état d'imminence d'une famille de sensations intrinsèque ».

[9] Valéry, *Cahiers II*, p. 1086.

[10] Valéry, *Œuvres I*, p. 339.

[11] Valéry, *Cahiers II*, p. 971.

[12] cf. Valéry, *Cahiers II*, p. 1102: « Dans les vers c'est la résonance qui importe. Le langage en tant que résonance (et l'on croit entendre à l'extrême de la résonance renaître sa cause). Dans la prose, c'est le déplacement ».

jamais identiquement annulés par une représentation quelconque : *des Mots Musique...* »[13]

Musicaliser le langage reviendrait donc en quelque sorte à inverser l'orientation temporelle du langage. Alors que le langage de signification est une orientation dans le sens du passé, le langage poétique serait plutôt une orientation dans le sens de l'a-venir. Ceci implique que la dimension musicale et sonore du signe n'est pas tout simplement la face irrationelle par rapport à la rationalité du sens, mais plutôt le lieu originel d'un sens qui est en train de naître, qui est, comme l'acte libre de Bergson, un mouvement en train de se faire[14]. Il est frappant dans ce contexte de constater dans les écrits poétologiques de Valéry la fréquence des images qui expriment l'attente, l'acte de naître ou quelque chose qui se prépare[15]. La création poétique, dit Valéry dans une formule laconique, « c'est la création de l'attente »[16]. Cette formule peut être entendue de deux façons. Premièrement, elle dit que la création poétique est toujours le fruit d'une attente, et deuxièmement, elle suggère que la parole poétique est, dans son être même, affectée du non-être de l'attente. Comme le son est le résonateur d'une absence, la parole poétique fait résonner dans ce qui existe, dans ce qui est réel, une virtualité imperceptible qui voudrait arriver à la perfection de l'être.

Nous allons maintenant comparer le poème de Valéry *Les Pas* avec la traduction de Rilke afin de mieux décrire les modalités de ce langage-résonance. Bien entendu, il ne s'agit pas de porter un jugement esthétique sur la version rilkéenne – la musicalité de la langue française n'étant pas celle de la langue allemande – , et si nous

---

[13] Valéry, *Œuvres II*, p. 706 ; voir aussi *Cahiers II*, p. 1086 : « Je dis qu'une poésie est faite de beaux détails comme une musique est faite que de sons (par opposition au bruit...) Ce qui est fait d'éléments beaux et n'est fait que de tels éléments, cela est poésie. Mais que sont ces éléments. Ce sont des éléments de langage tels, que d'eux-mêmes ils se régénèrent, et sont réexcités par leur propre effet ».

[14] Cf. Henri Bergson, *Œuvres*, Edition du Centenaire, Paris, 1959, p.124.

[15] Valéry, *Cahiers II*, p. 944 : « Mais qu'est-ce que cette Poésie ? C'est un état d'attente. Résonance chantante. Etat dans lequel les choses touchent directement les trésors de l'énergie centrale, et l'énergie éveille les choses » ; voir aussi Valéry, *Œuvres I*, p.351 : « Sur le plus haut de l'être, je respire une puissance indéfinissable comme la puissance qui est dans l'air avant l'orage. Je ressens l'imminence ... Je ne sais ce qui se prépare ; mais je sais bien ce qui se fait : Rendre purement possible ce qui existe ; réduire ce qui se voit au purement visible, telle est l'œuvre profonde ».

[16] Valéry, *Cahiers II*, p. 121.

prenons en compte la traduction, c'est uniquement dans le but de mieux cerner la singularité de l'original[17] :

Tes pas, enfants de mon silence,
Saintement, lentement placés,
Vers le lit de ma vigilance
Procèdent, muets et glacés.

Personne pure, ombre divine
Qu'ils sont doux, tes pas retenus!
Dieux ! ... tous les dons que je devine
Viennent à moi sur ces pieds nus !

Si, de tes lèvres avancées,
Tu prépares pour l'apaiser
A l'habitant de mes pensées
La nourriture d'un baiser,

Ne hâte pas cet acte tendre,
Douceur d'être et de n'être pas,
Car j'ai vécu de vous attendre,
Et mon cœur n'était que vos pas.

Dans la version rilkéenne[18] :

Deine Schritte, als meines Schweigens
Kinder, arglos und langsam gesetzt,
nahn sie dem Bette, wo ich mich eigens
wachsam halte, und frieren jetzt.

Göttlicher Schatten, du reine, du gute
o deiner Schritte verhaltener Gruß!
Was ich, ihr Götter, an Gaben vermute,
kommt jetzt zu mir auf entkleidetem Fuß!

Wenn deine Lippen vielleicht schon vom Weitem
jenem, der in mir sich bergen muß,

---

[17] Valéry, *Poésies*, Paris, 1958, p. 59.
[18] Rainer Maria Rilke, *Werke in drei Bänden*, Insel, Frankfurt am Main, 1991, p. 399.

seine unendliche Stillung bereiten
endlich in dem nährendem Kuß,

eile mir nicht zum Vollzuge, dem zarten,
Süße, drin Sein und Nichtsein stritt,
denn ich lebte vom Dich-Erwarten,
und mein Herz war nichts als dein Schritt.

Un amant attend sa bien-aimée, dont l'arrivée est imminente. Voilà l'argument du poème, pour lequel Valéry s'est inspiré du mythe d'Amour et de Psyché. La voix qui parle dans le poème semble vouloir faire durer cet état d'imminence jusqu'à l'infini. Au passage à l'acte elle préfère les délices de l'attente. A cette première lecture se superpose une deuxième qui est de nature poétologique. Le poème raconterait la genèse de la création poétique, la descente du moi dans les profondeurs de sa musique intérieure. Le poème commence par l'évocation d'un mouvement de pas : *tes pas, enfants de mon silence,* et c'est de cette seule forme rythmique que va naître la présence hallucinatoire de la femme qui se tient toujours en suspens entre la réalité et la virtualité[19].

Ce qui frappe d'abord dans la comparaison du poème avec sa traduction, c'est la différence de ton qui est déterminée par la différence entre la métrique française et la métrique allemande. La métrique allemande est basée sur l'alternance des temps faibles et des temps forts, alors que dans la prosodie française il y a une indépendance assez grande par rapport à l'accent tonique qui disparaît presque dans le mouvement de la phrase. C'est cette spécificité de la métrique française qui donne au mouvement des pas son caractère particulier de discrétion et de retenue. Les pas semblent seulement effleurer le sol dans un mouvement de lévitation déréalisante, dans un mouvement qui se tient toujours sur la pointe infime entre l'être et le non-être. Déjà les deux premières syllabes du poème annoncent ce thème de l'être en suspens : *Tes pas*, c'est l'affirmation d'une réalité et en même temps sa négation, car les deux premières syllabes renvoient déjà à la négation *n'être pas* dans la dernière strophe.

[19] Valéry a affirmé à plusieurs reprises que son inspiration procède par formes musicales : « Je me suis trouvé un jour obsédé par un rythme, qui se fit tout à coup très sensible à mon esprit après un temps pendant lequel je n'avais qu'une demi-conscience de cette activité latérale. Ce rythme s'imposait à moi, avec une sorte d'exigence. Il me semblait qu'il voulût prendre un corps, arriver à la perfection de l'être », voir Aimé Lafont, *Paul Valéry, l'homme et l'oeuvre*, Marseille, 1943, p. 213.

Ce mouvement de lévitation devient dans la traduction de Rilke un mouvement de gravitation. Cette différence est particulièrement perceptible dans le premier vers de la dernière strophe. Voyons d'abord la version de Valéry. La répétition de la consonne *t* et la modulation de la longueur des voyelles *a* et *e* dans *hâte pas* et *acte tendre* suggère l'idée d'un corps aérien qui respire au rythme du *e*-muet. De ce corps subtil se dégage quelque chose de l'impalpable mouvement du temps, du charme de la Fée *Occasion* qu'il faut attraper au vol. En revanche, le groupe nominal *zum Vollzúge, dem zárten* avec ses accents toniques très marqués fait subir à la voix l'attraction d'une pesanteur. La voix est amenée à habiter la présence éphémère de la voyelle afin de retarder le terme du mouvement qui s'accomplit dans *zum Vollzuge, dem zarten.*

Mais au-delà de cette imagination matérielle des mots qui change d'une langue à l'autre, il existe entre l'original et la traduction une différence plus fondamentale encore et qui touche au problème de la musicalité du sens, de son advenir à l'être dans la temporalité propre du poème. Prenons par exemple la première strophe de la version française. Valéry utilise ici la technique de l'inversion[20]. Le verbe *procèdent* est reporté derrière son complément *Vers le lit de ma vigilance.* Ainsi, pendant un laps de temps, les liens logiques qui rattachent le complément à l'ensemble de la phrase sont doucement desserrés, et le mouvement de la strophe fait parcourir sur ce qui était le monde réel les ondes de l'irrél. On pourrait dire que l'inversion crée une attente qui libère le mouvement des pas de ses attaches extérieures. Les pas semblent se mouvoir selon la seule logique de la résonance qui se crée dans le champ d'attractions et de tensions que forment les mots ***si**lence*, ***li**t* et ***vigil**ance.*

La traduction, en gardant l'ordre logique des éléments – le verbe est placé devant son complément : *nahn sie dem Bette, wo ich mich eigens/ wachsam halte* – nous transpose dans un tout autre climat. Le

---

[20] L'inversion poétique reproduit selon Valéry une structure musicale. Dans *Poésie*, Valéry réfléchit à l'attaque en musique « qui se fait par notes ou accords qui ne se composent en dessin mélodiques qu'au bout de quelques mesures. Semblent d'abord sans lien autre que la succession. Comme des couleurs distinctes se forment ça et là sur une toile - et donc comme formant un simultané sans signification, mais suggérant un besoin d'explication et de liaison - et une attente déjà créatrice d'ébauches », Cf. Valéry, *Cahiers II*, p. 1133.

mouvement-résonance devient dans la traduction un mouvement-déplacement.

Cette différence est également perceptible au niveau des images. Autant le *lit de ma vigilance,* en mariant le concret à l'abstrait, est gonflé d'irréalité, autant le *Bett, wo ich mich eigens wachsam halte* devient un lieu concret, ancré dans la réalité, comme si la sensation produite par l'image tenait maintenant tout entière dans le peu qu'elle donne. En revanche, l'image du *lit de ma vigilance* a une nature en quelque sorte cinétique, elle est mue par la dynamique d'un désir. L'image ne nous donne pas tellement la description d'un lieu, mais son ouverture. En lisant cette image notre être tout entier tend vers un lieu où l'on n'a jamais fini d'arriver.

Passons maintenant au vers six, *Qu'ils sont doux, tes pas retenus*, que Rilke traduit par *o deiner Schritte verhaltener Gruß !* Ce qui retient notre attention dans la traduction, c'est la métaphore du *Gruß deiner Schritte* (le salut de tes pas), par laquelle Rilke essaie de rendre l'idée de douceur et de retenue qui est contenue dans le mouvement des pas. La métaphore du *Gruß* a une tonalité romantique. Elle suggère une distance spatiale, pourtant surmontée, comme dans le *Posthorn* du romantisme allemand qui retentit à travers la forêt, par une sorte de mélodie intérieure. Les pas sont encore à quelque distance, mais déjà leur présence s'annonce. Seulement, la visée intentionelle de la métaphore détruit la valeur dynamique de l'image. Nous ne voyons pas ce que la métaphore nous invite seulement à nous représenter. Mais le vers *Qu'ils sont doux, tes pas retenus* déjoue la logique de la représentation. L'image, comme dit Edmond Jabès, est ici « formée des mots qui la rêvent »[21]. Regardons de plus près l'adjectif *doux.* Selon le romaniste autrichien Mario Wandruszka le mot *doux/douceur* appartient à cette classe de mots qui, comme *finesse, délicatesse* ou *courtoisie,* sont intraduisibles dans une autre langue[22]. Dans le cas de *douceur*, cela ne s'explique pas seulement par le fait que le mot évoque l'idée d'un certain paysage qui est chanté dans la *douceur angevine* de Du Bellay. S'il est impossible de trouver un équivalent pour *doux* ou *douceur,* c'est aussi en raison de son degré d'abstraction. Dans le mot *doux,* tous les sens sont en éveil (la vue, l'odorat, le toucher et l'ouïe), et il faudrait au moins quatre

---

[21] Edmond Jabès, *Le seuil, Le sable*, Seuil, Paris, 1975, p. 176.

[22] Cf. Mario Wandruszka, *Der Geist der französischen Sprache*, Rowohlt, Reinbek bei Hamburg, 1957.

adjectifs en allemand (*weich, sanft, mild, leise)* pour épuiser ses possibilités sémantiques. C'est justement cette tonalité abstraite qui produit dans le vers comme un frisson irréel. Alors que chez Rilke on reste plutôt dans la description d'un mouvement physique, la construction de Valéry donne un corps au mouvement du désir. Essayons de mieux saisir cet effet de dépaysement poétique. Dans l'exclamation *Qu'ils sont doux, tes pas retenus !* nous habitons déjà l'intimité d'un contact, la douceur d'une caresse, comme si les pas n'avaient plus aucune distance à franchir, comme si ils faisaient corps avec la voix qui parle. Mais contrairement à la logique du langage ordinaire, l'intimité dans *doux* n'abolit pas la distance, mais la creuse. C'est-à-dire que le mot n'est plus, comme dans le langage ordinaire, l'expression d'une sensation comme lorsque nous disons que tel tissu est doux au toucher. Le mot est chargé ici d'une valeur active et dynamisante qui semble vouloir créer son propre champ. La douceur des *pas retenus* n'est alors plus simplement une impression subie du dehors, mais la création d'un désir. Le grain de la voix qui résonne dans l'exclamation *qu'ils sont doux* est le désir d'une virtualité, la caresse d'une absence, dans laquelle s'ouvre toujours à nouveau la présence de l'Autre[23].

La valeur dynamisante de l'adjectif *doux* se montre encore plus clairement dans sa façon de faire entrer en jeu le sens de l'ouïe. Le mot *doux* ôte au mouvement des pas sa qualité de bruit extérieur et en fait quelque chose comme un son. Selon la remarque de Valéry citée plus haut, le son a toujours la valeur d'un commencement, il nous met dans un état d'attente. C'est-à-dire que dans le monde du son le sujet et l'objet ne se sont pas encore définitivement figés dans leur séparation. Ils cohabitent dans l'élément incertain d'un désir[24]. Ainsi, ce qui dans l'adjectif *doux* exprime une qualité objective (la retenue des pas) est encore indistinct du désir qui la crée. Le mot *doux* est moins une perception auditive qu'une puissance d'éveil qui appelle à

---

[23] Cf. Emmanuel Lévinas, *Le Temps et l'autre*, Paris, 1979, p. 82 : « La caresse est un mode d'être du sujet, où le sujet dans le contact d'un autre va au delà de ce contact ».

[24] Je renvoie dans ce contexte au *traité sur l'origine de la langue* (*Abhandlung über den Ursprung der Sprache*) de Johann Gottfried Herder. Dans le leitmotif de ce traité (« die Sprache tönt », « la parole résonne »), Herder vise précisément cette indétermination entre le sujet et la chose, dans laquelle le monde est toujours sur le point de naître dans l'acte de la parole. Voir Johann Gottfried Herder, *Abhandlung über den Ursprung der Sprache*, Reclam, Stuttgart, 2001, p. 44.

l'être ce dont elle parle[25]. Cette dimension créatrice ou musicale de la parole disparaît dans la traduction. Ainsi, le rapport qui lie la métaphore du *Gruß deiner Schritte* au *Bett, wo ich mich eigens wachsam halte* est purement accidentel, on reste dans l'arbitraire d'un univers extérieur. En revanche, l'image du *lit de ma vigilance* et l'adjectif *doux* entrent dans un rapport de résonance. Ils sont faits de la même substance désirante. L'univers poétique du poème de Valéry est comme suspendu à un point immobile[26]. Il est création continue à partir d'une musique intérieure.

Cette dynamique du désir peut également se produire dans le rapprochement inattendu de deux mots sémantiquement opposés et phonétiquement proches. Le couple *acte tendre* et *attendre* dans la dernière strophe en est un exemple particulièrement intéressant. La logique du langage ordinaire qui veut que l'attente précède l'acte comme la virtualité précède la réalité est ici renversée par un nouvel équilibre entre le son et le sens. Dans cette palpitation du *e-muet* dans *acte tendre* il y a littéralement une attente qui tremble. Le désir est une anticipation, il court au-devant de la chose qu'il désire. Mais cette dynamique vient toujours d'une hésitation, d'une attente qui fait renaître le désir dans sa réalisation. Le poème n'est rien d'autre que la conservation de cet état d'instabilité : « Le poème est l'amour réalisé du désir demeuré désir »[27]. Cette dialectique de l'anticipation et de l'hésitation prend corps dans le mouvement de la période des deux dernières strophes :

Si, de tes lèvres avancées,
Tu prépares pour l'apaiser,

---

[25] C'est par ce pouvoir de redéfinir un mot que le poème met en suspens la fonction référentielle du langage. La construction, Valéry ne cesse de le répéter, est alors libérée de ses attaches extérieures et ne semble tenir que par elle-même. Valéry est ici très proche de Novalis : « Gerade das Eigentümliche der Sprache, dass sie sich bloß um sich selbst bekümmert, weiß keiner » (« Ce qui constitue précisément la singularité du langage, qu'il ne se soucie que de lui-même, personne ne le sait »), cit. chez Martin Heidegger, *Unterwegs zur Spache*, Klett-Cotta, Stuttgart, 2003, p. 241.

[26] On pourrait décrire ce point immobile de la parole poétique comme une écoute en devenir. Valéry dit dans les *Cahiers* que le « vers attend un sens » et que « le vers écoute son lecteur » (Cahiers II, p. 1079). Cette attente du vers n'est pas le temps vide de la signification encore cachée, elle est précisément cette puissance d'éveil de la parole, dans laquelle l'être devient plus présent à lui-même. C'est cette présence, ce « stillpoint of the turning world » (T.S.Eliot) qui définit l'écart du langage poétique par rapport au langage ordinaire.

[27] René Char, *Fureur et mystère, Œuvres complètes*, Gallimard, Paris 1983, p. 162.

A l'habitant de mes pensées
La nourriture d'un baiser,

Ne hâte pas cet acte tendre,
Douceur d'être et de n'être pas,
Car j'ai vécu de vous attendre,
Et mon cœur n'était que vos pas.

La période est la syntaxe du désir, la syntaxe d'un corps humain. Dans le mouvement ascendant de la subordonnée – *Si, de tes lèvres avancées* – le corps inspire, est gonflé d'attente, et en revanche, dans le mouvement descendant de la principale, le corps expire et se contracte[28]. Et on dirait que les mots et les images qui défilent dans ce mouvement avec leur charge de signification n'ont plus la fonction d'appeler les choses, mais qu'au contraire, c'est la chose qui appelle les mots, ces paratonnerres du corps. C'est cette nécessité du corps qui a besoin de se défaire de sa présence muette que Valéry nomme *l'Ineffable*, ou *la source des larmes* : « Car nos larmes, à mon avis, sont l'expression de notre impuissance à *exprimer*, c'est-à-dire à nous défaire par la parole de ce que nous sommes »[29]. On peut se faire une idée de cette nécessité corporelle du langage dans le mouvement sémantique de la période. Les images qui expriment une imminence érotique, un désir sur le point de se réaliser (*de tes lèvres avancées, baiser, acte tendre)* sont contrebalancées par des images de la lenteur et de la durée (*Tu prépares, A l'habitant, la nourriture*). On dirait plutôt qu'elles les appellent et qu'inversement les images de la lenteur ne font qu'accélérer la dynamique du désir. C'est ainsi que se crée une sorte d'équilibre dans le mouvement, de durée dans l'éphémère qui fait défaut à la traduction, où ce fragile rapport de force est conceptuellement stabilisé par des constructions nominales avec adjectif épithète : *Wenn deine Lippen vielleicht schon vom Weiten / jenem, der in mir sich bergen muß, / seine unendliche Stillung bereiten / endlich in dem nährendem Kuß.*

Il y a une justesse poétique ou nécessité corporelle dans le fait que les images de la lenteur qui ouvrent un espace dans l'immédiateté

[28] Que la syntaxe de la période est enracinée dans la respiration d'un corps est un aspect que Nietzsche développe dans sa « petite doctrine de style pour Lou », cf. Friedrich Nietzsche, *Kritische Studienausgabe* Bd.10, de Gruyter, München, 1988, p. 22.
[29] Valéry, *Œuvres II*, p. 183.

érotique apparaissent pendant le temps d'inspiration de la période et que dans la cadence surgissent des mots qui expriment un geste de contraction. On a déjà mentionné le verbe *attendre,* qui fonctionne comme une contraction de *l'acte tendre,* mais il y a également le *cœur.* Le mot *Herz* garde quelque chose d'arbitraire, mais le *cœur* est motivé par le corps du poème. Il est préparé par le couple *doux/douceur,* et la consonne *c* apparaît comme la cristallisation de ce qui dans *douceur* est encore à l'état liquide. Cette cristallisation est en même temps une naissance et une mort. A l'instant même où apparaît le mot, au moment du passage abrupt du présent au passé composé et à l'imparfait, il dit sa propre disparition : *Et mon cœur n'était que vos pas.*[30]

La musicalité de la parole poétique est à chercher peut-être dans ce rapport du langage à la mort. Le poème est ce désir qui s'éveille dans la présence des choses qui passent[31]. Ainsi, dans les deux

[30] Dans le champ poétique, les mots s'organisent selon un ordre qui est plutôt de la nature de l'énergie que de nature logique. Voir le jugement de Nietzsche sur Horace dans le *crépuscule des idoles* : « Aucun poète ne m'a procuré le même ravissement artistique que celui que j'ai éprouvé dès l'abord à la lecture d'une ode d'Horace. Dans certaines langues il n'est même pas possible de vouloir ce qui est réalisé ici. Cette mosaïque des mots, où chaque mot par son timbre, sa place dans la phrase, l'idée qu'il exprime, fait rayonner sa force à droite, à gauche et sur l'ensemble, ce minimum dans la somme et le nombre des signes et ce maximum que l'on atteint ainsi dans l'énergie des signes - tout cela est romain. » (« Bis heute habe ich an keinem Dichter dasselbe artistische Vergnügen gehabt, das mir von Anfang an eine Horazische Ode gab. In gewissen Sprachen ist das, was hier erreicht ist, nicht einmal zu ‚wollen'. Dies Mosaik von Worten, wo jedes Wort als Klang, als Ort, als Begriff, nach rechts und links über das Ganze hin seine Kraft ausströmt, dies Minimum in Umfang und Zahl der Zeichen, dies damit erzielte Maximum in der Energie der Zeichen, das alles ist römisch. » (Friedrich Nietzsche, *Kritische Studienausgabe,* Band 6, p. 154).

[31]Voir aussi dans ce contexte l'analyse hégélienne du langage dans le chapitre *la certitude sensible* de la *Phénoménologie de l'Esprit.* Le langage a toujours un caractère de passéité. Ce que dit le langage a toujours déjà disparu: « Auf die Frage:was ist das Jetzt ? antworten wir also zum Beispiel :das Jetzt ist die Nacht. Um die Wahrheit dieser sinnlichen Gewissheit zu prüfen, ist ein einfacher Versuch hinreichend. Wir schreiben diese Wahrheit auf (...) Sehen wir jetzt, diesen Mittag, die aufgeschriebene Wahrheit wieder an, so werden wir sagen müssen, daß sie schal geworden ist » (« A la question: qu'est-ce que le maintenant, nous répondons par exemple: le maintenant est la nuit. Pour vérifier la vérité de la certitude sensible, un simple essai suffit. Nous écrivons cette vérité. Si nous regardons maintenant, à midi, à nouveau cette vérité écrite, nous devons dire qu'elle devenue fade ») Hegel, *Phänomenologie des Geistes*, Meiner, Hamburg 1952, p.81. Ce qui définit la poésie par rapport au langage ordinaire c'est peut-être la conscience de cette temporalité irréversible du langage. La lecture du poème est précisément cet acte paradoxal qui peut infiniment répéter ce qui est irréversible. C'est pourquoi la lecture est profondément musicale. Sur le plaisir de la lecture comme prise

premières syllabes du poème, *Tes pas,* résonne déjà le vieux mot *trépas,* qui dit le passage de la vie à la mort. Le mouvement des pas, c'est aussi cette mort en mouvement qui est la finalité secrète du désir : disparaître dans le désiré.

Il faudrait peut-être nuancer le concept de polysémie pour saisir le propre de cette structure musicale. La polysémie, on la retrouve également dans la version allemande. Mais ce qui fait défaut à la traduction, c'est la précision. Les mots dans la traduction, pour reprendre une image de Bergson, sont taillés comme des vêtements de confection[32]. On reste dans l'à-peu-près. En revanche, dans l'original, les mots sont taillés sur mesure, ils épousent le mouvement du poème dans ses moindres détails. Au lieu de représenter la chose ils la donnent à voir[33].

La musicalité serait plutôt cette combustion des signes, dans laquelle l'intention subjective disparaît dans ce qu'on pourrait appeler avec Adorno l'objectivité de l'œuvre d'art[34]. Le sens n'est plus greffé sur le corps du poème, il s'élève plutôt de ses impulsions mimétiques. C'est cette objectivité qui manque à la traduction. Dans les vers *nahn sie dem Bette, wo ich mich eigens / wachsam halte* ou *o deiner Schritte verhaltener Gruß* on ressent comme une inquiétude subjective, on a l'impression d'entendre la voix de quelqu'un qui parle. Mais dans *vers le lit de ma vigilance* ou *Qu'ils sont doux, tes pas retenus* la subjectivité reste en sourdine et c'est le langage lui-même qui résonne à travers le sujet. Le chant est justement ce mouvement, dans lequel l'être tout entier « se replace dans l'impuissance natale »[35]. Dans le chant, l'être crispé de la subjectivité abstraite ouvre ses pores pour laisser descendre en lui le temps de la

---

de conscience de la temporalité irréversible de l'oeuvre, voir aussi le livre admirable d'Alain sur Balzac: *En lisant Balzac, Les Laboratoires Martinet,* Paris.

[32] Bergson, *Œuvres*, p. 1408.

[33] Cf. Paul Klee, *Schöpferische Konfession,* Kunst-Lehre, Reclam, Leipzig, 1995, p. 60 : « Die Kunst gibt nicht das Sichtbare wieder, sondern macht sichtbar ».

[34] Cf. Theodor W. Adorno, *Ästhetische Theorie*, Suhrkamp, Frankfurt am Main, 1993, p. 244.

[35] « La personne qui se donne à sa musique intérieure est comme la personne qui s'endort, qui s'abandonne, se fie à quelque chose, se remet aux choses, et à son corps(...), s'adapte en dedans, renonce à ce qui est à quelque distance ; se retire, obéit, immole le réel, devient tout réel, consent à n'être que soi-même, (...) se replace dans l'impuissance natale ». Paul Valéry, *Cahiers* tome 6, Paris, Edition CNRS, 1958, p. 867.

chose[36]. Le chant est le langage du corps, le résonateur de sa présence muette :

> La poésie est l'essai de représenter par les moyens du langage articulé ces *choses* ou cette *chose* que tentent obscurément d'exprimer les cris, les larmes, les silences, les caresses, les baisers etc., et que semblent vouloir exprimer les objets dans ce qu'ils ont d'apparence de vie ou de dessin supposé.[37]

[36] Voir aussi la définition de l'état lyrique que donne Baudelaire dans son essai sur Théodore de Banville : « La lyre exprime en effet cet état presque surnaturel, cette intensité de vie, où l'âme *chante*, où elle est *contrainte de chanter*, comme l'arbre, l'oiseau et la mer . » Charles Baudelaire, *Curiosités esthétiques*, Bordas, Paris, 1990, p. 765.

[37] Valéry, *Œuvres II*, p. 183 ; il y a chez Valéry une véritable poétique musicale des pleurs. La musicalité des pleurs, c'est quand les pleurs n'ont pas de cause, quand ils expriment l'ouverture du sujet au temps de la chose. C'est un motif qui revient aussi fréquemment chez Goethe. Au moment où *Faust*, dans le *monologue de la nuit*, lève la coupe pour boire le poison, il entend au petit matin le son des cloches de Pâcques et commence à pleurer : « Je sens me monter des larmes, j'appartiens à nouveau à la terre ! » (« Die Träne quillt, die Erde hat mich wieder! ») (v. 784), Johann Wolfgang von Goethe, *Werke*, Bd. 3, dtv, München, 1983, p. 31.

RYTHME, RÉCITATIF, TENSION HARMONIQUE
Poétique du récit woolfien[1]

Anne-Marie Smith-Di Biasio

> Alors, c'est quelque chose de bien profond que cette question du rythme, qui va beaucoup plus loin que les mots. Une vue, une émotion, crée une vague dans l'esprit, bien avant de trouver des mots qui lui conviennent ; et dans l'écriture [...] on doit capter cela à nouveau et le mettre en mouvement (ce qui semble n'avoir rien à voir avec les mots) et puis on dirait que lorsqu'elle se brise et s'effondre dans l'esprit, elle fait des mots qui lui conviennent [...]. Ecrire, somme toute, n'est que poser des mots sur les crêtes du rythme ... [2]

[1] Pour deux autres articles qui traitent de la question du rythme, voir Anne-Marie Smith, « Mouvement et sonorité de la trace mnésique, l'écriture de Virginia Woolf », in : *Babel IV Psychanalyse et Littérature,* In : Press éditeurs, 2006 (15 p. à paraître) et « The Ebb and Flow of Conversation. A Metaphorics of Maternal Presence », in : *Conversation in Virginia Woolf's Works,* sous la direction de Christine Reynier, *Etudes britanniques contemporaines*, printemps 2005, pp. 81-90.

[2] *The Letters of Virginia Woolf,* edited by Nigel Nicolson and Joanne Trautmann, Harcourt Brace Jovanovich, New York & London 1978 : « Now this is very profound what rhythm is, and goes far deeper than words. A sight, an emotion, creates this wave in the mind, long before it makes words to fit it; and in writing ... one has to recapture this, and set this working (which has nothing apparently to do with words) and then, as

Pour Virginia Woolf le rythme est antérieur au sens, pré-articulatoire, et toujours porteur. Une vague se crée dans l'esprit et lorsqu'elle se brise et s'effondre elle trouve des mots qui lui conviennent. Or, il revient à l'écriture de capter ce rythme à nouveau et de le mettre en mouvement, « Ecrire, somme toute, n'est que poser des mots sur les crêtes du rythme ».

Cette idée de l'antériorité d'une vague se créant avant la lettre nous rappelle le texte d'Henri Meschonnic « Le rythme avant le sens » et son argument :

> S'il y a une antériorité du rythme, elle précède le sens des mots, mais non les mots eux-mêmes. Antériorité seulement par rapport à la priorité habituelle du sens [...] antériorité reconnue comme une intériorité[3].

Le rythme comme une antériorité qui correspond à une intériorité; ne serait-ce une sorte d'exigence interne du mot, et des mots entre eux? Dans la continuité de la pensée de Meschonnic nous insisterons sur cette question comme enjeu majeur de la traduction poétique, et spécifiquement de celle que nous proposons de Woolf.

Posons d'abord la question de l'antériorité d'un mouvement qui nous échappe et qu'il revient à la traduction de saisir, un mouvement qui, dans l'écriture de Woolf, s'épuise et se relance sans cesse – comme celui des vagues – rythme de fond, fondamental, de son écriture. On sait que le récit des vagues était particulièrement cher à Virginia Woolf, qu'il se rapporte d'ailleurs à un de ses souvenirs les plus précoces. Ecoutons l'évocation qu'elle en donne dans « A Sketch of the Past » *Moments of Being*[4], ce passage où elle s'essaie à transcrire son premier souvenir. Nous traduisons et citons en

it breaks and tumbles in the mind, it makes words to fit it [vol 2, p. 247] [...] All writing is nothing but putting words on the backs of rhythm » [vol 4, p. 303].
Toutes les traductions de Virginia Woolf citées dans le texte sont d'Anne-Marie Smith.

[3] Henri Meschonnic, *Critique du rythme, anthropologie historique du langage*, Lagrasse, Verdier 1995, p. 99.

[4] Virginia Woolf, *Moments of Being*, St Albans Triad/Panther, 1978.

découpage, avançant l'hypothèse que le mouvement du rythme s'entend en filigrane[5] :

> I begin: the first memory [...] **This was** of red and purple flowers on a black ground – my mother's dress; **and she was** sitting either in a train or in an omnibus, **and I was** on her lap. I therefore saw the flowers she was wearing very close; and can still see purple, red and blue, I think, against the black; **they must have been** anemones, I suppose. Perhaps we were going to St. Ives; more probably, for from the light **it must have been** evening, we were coming back to London[6].

Et puis rappelons-nous l'autre souvenir qui intervient dans l'anamnèse,

> My other memory, which also seems to be my first memory [...] **It is of lying** half asleep, half awake, in bed in the nursery at St Ives. **It is of hearing** the waves breaking, one, two, one, two [...] and then breaking one, two, one, two behind a yellow blind. **It is of hearing** [...] **It is of lying and hearing** [...] and seeing this light[7].

La traduction que nous proposons cherche à rendre sensible l'intériorité d'un mouvement qui habite les mots et qui semble être fondé sur l'anaphore. Il s'agit certes de ce que Meschonnic appelle "le rythme sémantique des répétitions". Mais qu'en est-il du sens de ce retour imposé, de ce mouvement dont il est porteur, n'est-ce pas notre intuition d'une continuité désirée ? En tendant l'oreille pour traduire on ne peut pas ignorer ce composé de mouvement et de sonorité dessiné par les répétitions :

---

[5] Ce propos est le moteur essentiel du travail et de notre pensée. Le rythme que nous entendons et traduisons relève d'une scansion de l'original, d'abord intuitive, et une fois traduite visible en tant que forme d'un mouvement de reprise et de répétition que nous marquons en gras dans la traduction. L'oreille cherchant une musique intérieure n'entend pas une totalité. Ce rythme fondamental correspond, comme nous expliquons plus loin, au récitatif du récit.

[6] Virginia Woolf, *Moments of Being*, p. 74.

[7] Virginia Woolf, *Moments of Being*, p. 75.

> Le premier souvenir [...] **il y avait** des fleurs violettes *et* rouges sur un fond noir – la robe de ma mère; ***et* elle se trouvait assise** soit dans un train, soit dans un autobus ***et* j'étais assise** sur ses genoux. Je voyais donc les fleurs qu'elle portait de très près et je vois encore le violet, le rouge et le bleu contre le fond noir, je pense ; **c'étaient sans doute** des anémones. Peut-être allions-nous à St Ives ; plus probablement, car d'après la lumière **c'était sans doute** le soir, nous rentrions à Londres.
>
> Mon autre souvenir qui semble être aussi mon premier souvenir [...] **c'est d'être couchée** moitié endormie, moitié réveillée, au lit dans la chambre des enfants à St Ives. **C'est d'entendre** les vagues se briser une, deux, une, deux [...] **et encore se briser une, deux, une, deux, derrière un store jaune [...] C'est d'entendre [...] c'est d'être couchée et d'entendre [...] et de voir cette lumière.**

Non seulement le rythme reproduit le mouvement des vagues évoqué, mais de plus le même mouvement se trouve déjà inscrit dans le souvenir maternel qui produit le deuxième souvenir, « qui semble être aussi mon premier souvenir ». La question de l'antériorité est posée, comme si le souvenir des vagues instaurait l'anamnèse. En tant que telle l'antériorité du rythme des vagues serait intimement lié au mnésique, et ce rythme aurait non seulement une fonction poétique, mais aussi, comme la musique, une portée réminiscente et régulatrice.

La tension harmonique

L'expérience de traduire Woolf nous a donné l'intuition d'une tension harmonique de l'écriture, comme « l'arc en acte » d'Héraclite maintenant en tension absolue deux forces contraires, « ainsi la main gauche qui saisit l'arc par le milieu et la main droite qui amène la corde vers la poitrine s'efforcent en sens contraire »[8]. Dans le contexte de ce paradigme héraclitéen nous avançons l'hypothèse que l'harmonie woolfienne serait celle maintenue dans l'arc de la phrase,

---

[8] Héraclite, *Fragments*, texte établi, traduit et commenté par Marcel Conche, Paris, Puf, 1986, p. 426-427. Toute référence ultérieure sera à cette édition.

dans sa courbe. Il faut imaginer une sensibilité extrême, vitale, menacée du chaos pulsionnel et chevillée aux cordes de la langue. Tel le geste du musicien qui se fait vibrer et entendre à travers les cordes de l'instrument, le geste de l'écrivain accorderait aux cordes de la langue la tension voulue en même temps que par le souffle du phrasé il atteint la modulation. Il s'agit d'un ordre amoureux de la langue par tension harmonique où l'amour est à entendre dans le sens d'une rigueur d'être, car dans le logos héraclitéen – les exégètes nous le disent de Hegel à Bollack – se trouve « la force qui, comme l'amour rassemble »[9] :

> le différent de soi-même tombe d'accord avec soi. Cet accord ne lui vient pas de dehors : C'est lui-même qui se divisant s'unit, s'écartant se rassemble, s'opposant s'accorde. Le deux fait un, le un fait deux, et cela dans le moment et aussi dans la durée, où s'inscrit le rythme[10].

Cette réflexion se place sous l'exergue du fragment d'Héraclite, « Ils ne comprennent pas comment ce qui s'oppose à soi-même s'accorde avec soi : ajustement par actions de sens contraire, comme de l'arc et de la lyre »[11]. Force est de rappeler ici l'image des vagues qui sous-tend le propos de Virginia Woolf qu'écrire est poser des mots sur les crêtes du rythme et d'évoquer à ce titre le paysage woolfien, paysage maritime, où les vagues sculptent le terrain des mots. En reprenant *The Waves* au moment de l'origine du texte, à sa genèse écrite, nous voyons à quel point *la mise en scène de l'écriture est métaphore du mouvement.* L'ouverture du texte reprend la genèse biblique :

> And the earth was void and empty, and darkness was upon the face of the deep[12]

---

[9] Jean Bollack/Heinz Wismann, *Héraclite et la séparation,* Paris : Minuit 2001, p.28. Voir aussi Ludwig Binswanger sur Hölderlin, « L'appréhension héraclitéene de l'homme » dans *Introduction à l'analyse existentielle,* Paris : Minuit 1971, « De même qu'ici l'amour se révèle justement dans l'opposition et s'y affirme, ce n'est que dans l'opposition que s'affirme et se révèle le logos héraclitéen ».

[10] Marcel Conche exégèse du fragment 125 d'Héraclite, *op.cit.*, p. 426.

[11] Héraclite, p. 125.

[12] *The Holy Bible,* translated from the Latin vulgate, London : Burns Oates and Washbourne Ltd., 1914, p. 1.

> Et la terre – était vaine et vide – et l'ombre sur la face du gouffre[13]

et de ce fait nous plonge dès sa première phrase au coeur même du *chaos* en tant qu'état originaire de la création. Les traductions en français des textes woolfien et bibliques nous fournissent un lexique se partageant entre l'indistinction, l'informe, la nudité et le vide. Alors que dans la bible le chaos de la terre vaine sera réglé par la parole, « Or, Dieu dit que … », et la main de Dieu, par l'ordonnance divine qui est acte créateur du cosmos, nous remarquons que dans le texte de Woolf le chaos se trouve plutôt lié à la perception, nocturne, d'un état d'indistinction où interviendra non pas Dieu mais le mouvement cosmique lui-même, l'aube amenant le jour et la mise en mouvement des vagues, le mouvement de l'écriture :

> Sauf que la mer était quelque peu ridée tel un tissu froissé. Au fur et à mesure que le ciel blanchissait une ligne noire s'étalait le long de l'horizon divisant la mer du ciel, et le tissu gris se trouva sillonné de traits épais qui se poursuivaient l'un l'autre, sous la surface, l'un après l'autre dans un mouvement perpétuel.[14]

Ainsi contre fond de vide, de non-distinction, l'acte créateur est lié à l'engendrement du mouvement et telle se dessine une véritable poétique pulsionnelle au plus près des rythmes cosmiques que traduit et maîtrise l'écriture au sens le plus moteur du terme, des traits épais qui se poursuivaient l'un l'autre, sous la surface, l'un après l'autre dans un mouvement perpetuel, et dont l'on peut dire qu'ils fournissent le rythme de l'écriture en traçant le mouvement d'un corps qui s'y émeut. Or, ce tableau correspond à une vision plutôt héraclitéene du *cosmos*, l'envers grec du *chaos*, « ni dieu, ni homme ne l'a fait, mais il

[13] *Au Commencement,* traduction de la Genèse par Henri Meschonnic, Paris : Desclée de Brouwer, 2002, p. 27.

[14] Virginia Woolf, *The Waves* (1932), London, Penguin, 1992. Toute référence ultérieure sera à cette édition : « Except that the sea was slightly creased as if a cloth had wrinkles in it. Gradually as the sky whitened a dark line lay on the horizon dividing the sea from the sky and the grey cloth became barred with thick strokes moving, one after another, beneath the surface, following each other, perpetually. » (*TW*, p. 3)

était toujours, il est et il sera, feu toujours vivant [...] s'allumant en mesure [...] et s'éteignant en mesure »[15].

Mouvement interne / leitmotiv

Avant d'aller plus loin dans ce questionnement d'une intimité possible entre le rythme et le mnésique dans l'écriture de Woolf, nous reprenons l'idée de la répétition d'un motif qui est propre aux définitions classiques du rythme tant dans l'espace plastique de l'architecture que dans l'espace de l'écriture poétique et de l'écriture musicale. Ce qu'il m'intéresse d'élaborer d'abord est le fond du mouvement interne que l'on pourrait appeler 'le corps du rythme'. Le terme *leitmotiv,* que l'on associe à Wagner, désigne quelque chose dans le mouvement générale de la phrase qui – comme le rythme – se fonde sur le retour imposé. Et n'oublions pas que ce *leitmotiv* est associé au mouvoir, au pulsionnel, qu'il y a dans le *leitmotiv* une intuition du lien entre le rythme et le corps.

Le propos que nous avançons ici est que la trace chorégraphique du lien rythme/corps peut se lire dans la traduction. Toute une tradition philosophique de pensée depuis Walter Benjamin nous donne l'idée de ce qui dans la traduction opérerait une mise à jour des qualités infra-linguistiques de la langue, se trouvant au site d'une convergence originale entre les langues, et recélées dans l'original. Citons à ce propos Antoine Berman qui utilise le terme *le maternel-de-la-langue* pour nous parler d'une résonance commune entre langue originale et langue traduisante qui dépasserait non seulement la sémantique mais aussi le signifiant, ou signifiance au sens étroitement linguistique, et engagerait à ce titre *l'autre traduction,* à savoir non « seulement le 'passage' interlangues d'un texte, mais – autour de ce premier 'passage' – toute une série d'autres 'passages' qui concernent l'acte d'écrire »[16].

Notre lecture du rythme concerne ce passage entre langues où la traduction donne lieu à une lecture du corps en mouvement dans le

[15] *Héraclite*, fragment 80, p. 279.

[16] Antoine Berman, *La Traduction et la lettre ou l'auberge du lointain*, Paris, Seuil, 1999, p. 21.

texte. On pourrait dire que le rythme de l'original se trouve tracé sur la surface de la traduction.

Un corps qui danse

Suivons pour l'instant ce mouvement perpétuel, et pulsionnel, amorcé à l'ouverture de *The Waves* et qui semble avoir lieu en deçà de tous les états construits de la langue. On pourrait penser à Bergson qui, remplaçant les catégories de l'espace et du temps par celles, plus proches des théories du chaos, du mouvement et de la durée, nous dit que « nous devons nous dégager enfin de l'espace qui sous-tend le mouvement pour ne tenir compte que du mouvement lui-même, de l'acte de tension ou d'extension, enfin de la mobilité pure ».[17] Dans *The Waves* le mouvement d'alternance ayant lieu entre polarités est inépuisable. La traduction l'éprouve. Il y a va et vient, vacillement, montée et descente, flux incessant, toutes ces alternances étant liées aux perceptions sonores, visuelles et motrices. Dans un article remarquable sur *The Waves*, Michèle Rivoire parle à ce titre des rythmes binaires et d'une topologie aporétique[18]. Je préfère pour ma part insister sur un troisième terme – le sens perceptif évoqué – qui relie ce mouvement, binaire, à un corps, qui danse, et dont témoignent les extraits suivants[19] :

> I hear a sound [...] **going up and down.** (p. 5)
> J'entends un bruit [...] qui **monte et descend.**
>
> I burn, I shiver, said Jinny, **out of** this sun, **into** this shadow. (p. 7-8)
> Je brûle, je frissonne, dit Jinny, quitter ce soleil, aller dans cette ombre.

---

[17] Henri Bergson, *La pensée et le mouvant*, Paris, PUV, 1950, p. 185. Voir aussi Paul A. Harris, « Le chaos et les métaphores du temps, Bergson et Faulkner », *TLE*, PUV 12, 1994.

[18] Michèle Rivoire, *The Waves: Le spectre de la Chose*; *les cahiers forell*, textes réunis par Bernard Gensane, Université de Poitiers, n° 5, janvier 1996, pp. 113-125, p. 119.

[19] Lorsqu'il parle du mouvement du tissu dans les voiles et les plis des sculptures de sa soeur, Camille Claudel, Paul Claudel évoque le récitatif wagnerien ('Camille Claudel, statuaire', *L'oeil écoute, Œuvres en prose*, Gallimard, 1969), une analogie qui nous semble aller dans le même sens que notre élaboration ici d'une plasticité du rythme dans l'écriture.

> **You see** the beetle too carrying off a leaf on its back. It **runs this way and that**, so that even **your desire** while you watch the beetle, to possess one single thing (it is Louis now) **must waver**, like the light **in and out** of the beech leaves. (p. 10)
> Toi aussi, tu vois le scarabée qui porte une feuille sur son dos. Il va et vient, de telle sorte que, même ton désir, regardant le scarabée, de posséder une chose au monde (c'est Louis maintenant) doit vaciller, comme la lumière qui va et vient sur les feuilles de hêtre.
>
> Now we have **fallen through** the tree-tops to the earth . (p. 11)
> Nous voilà **tombés à travers** les cimes des arbres.
>
> This is the eternal renewal, the incessant **rise and fall** and **fall and rise again**. And in me too the wave rises. (p. 228)
> Oui, c'est **le renouveau éternel, le flux incessant, montée et descente, descente et montée**.
> Et en moi aussi la vague monte.

De même que le mouvement perpétuel est inhérent au processus heraclitéen, et l'âme dans un mouvement constant entre le haut et le bas, la vie et la mort ; de même dans ces extraits le corps transi, transpercé de perceptions, *anime* le poétique d'une rencontre sujet / monde.

> Je n'ai pas encore vingt et un ans. Je serai brisée. Je serai jetée haut et jetée bas, comme un bouchon de liège dans une mer houleuse [...] La vague se brise. Je suis la mousse qui traverse la plage et atteint de sa blancheur même les bords extrêmes des rochers ; je suis une jeune fille aussi, ici, dans cette chambre[20].

---

[20] « I am not yet twenty-one. I am to be broken [...] I am to be cast up and down like a cork on a rough sea [...] The wave breaks. I am the foam that sweeps and fills the uttermost rims of the rocks with whiteness ; I am also a girl, here in this room. » (*TW*, p. 80).

Or, si pour Henri Meschonnic « le langage est [...] continu et homogène au monde-ordre par et dans le poème »[21], dans l'écriture woolfienne la langue est continue au cosmos par et dans le poétique. Dans ce contexte, l'harmonie est non seulement l'oeuvre du *compositio*, mais aussi du *dispositio* dans le sens de tonalité affective fondamentale, le *Grundstimmung* de Hölderlin, grand poète d'inspiration héraclitéene. Si j'insiste sur le terme « langue » au lieu de « langage » ici, c'est qu'il me semble, à la différence de ce que propose Meschonnic, que cette tonalité affective fondamentale s'impose comme un fond pathique et sonore qui est inséparable de la langue. Elle constituerait en tant que telle une qualité autochtone qui est à traduire.

L'ordre romain / le torrent de la langue

Contre ce fond poétique et pathique, le mouvement perpétuel de *The Waves* est maintenu par la rencontre avec un ordre liminaire, « Il y a un ordre dans ce monde ; les choses se distinguent les unes des autres, il y a des différences dont je franchis le seuil »[22]. Le texte, selon Liliane Louvel « suit sept jeunes gens du berceau à la tombe, récit de vie ô combien britannique »[23], et l'on pourrait suivre son fil en disant que les petits anglais du texte suivent en classe une formation latine ou romaine qui fonde leur conscience du genre dans la langue étrangère, alors que cet apprentissage ne correspond ni à leur langue maternelle, ni à leur désir :

> Je sais la leçon par cœur [...] Je sais mes cas et mes genres ; je pourrais tout savoir, tout au monde, si je le voulais [...] Je ne veux pas faire surface pour réciter la leçon [...] Je ne veux pas faire surface pour venir vivre sous l'éclairage de cette grande horloge, au cadran jaune, qui n'arrête pas de faire tic-tac, tic-tac [...] Ce

---

[21] Henri Meschonnic, *Hugo, La Poésie contre le maintien de l'ordre*, Paris, Maisonneuve et Larose, 2002, p. 84.

[22] « There is an order in this world ; there are distinctions, there are differences in this world upon whose verge I step » (p. 14).

[23] J'emprunte le terme du 'présent réminiscent' à Pierre Fédida qui l'utilise pour distinguer la réminiscence de la remémoration, voir P. Fédida, « Passé anachronique et présent réminiscent. Epos et puissance mémoriale du langage », in : *L'Ecrit du temps* , n° 10, 1985, pp. 23-45.

> sont des mots blancs [...] comme les cailloux que l'on ramasse au bord de la mer [...] Ce sont des mots jaunes, des mots fougueux ... [24]

Ces phrases telles des vagues traversent l'ordre liminaire pour entraîner dans leur mouvement des mots qui, tels des cailloux déposés sur le sable à marée basse, résistent à l'ordre différentiel de la surface, à sa chronologie, des mots cailloux qui résistent autant dans leur matérialité que dans leur mise en mouvement à toute grammaire de surface – animé / inanimé, féminin / masculin, naturel / grammatical – si ce n'est pour la traverser. En même temps et de ce fait – rappelons-nous la fin de ce passage : « Mais je n'arrive pas à écrire, je ne vois que des figures » – ils portent le risque de la non-distinction originaire.

Les distinctions latines seront rappelées dans les phrases ultérieures, « Lisons des auteurs de sévérité et de vertu romaines ; cherchons la perfection dans le sable »[25], où on peut dire que le sable signifie cet état pré-générique de la langue anglaise évoqué ci-dessus par le devenir sable des cailloux que l'on ramasse au bord de la mer. Et encore l'ordre romain :

> On ne peut pas mépriser ces phrases, qui, comme des routes romaines, traversent le chaos de nos vies [...] quoique l'on puisse au même temps être en train de fredonner en sourdine n'importe quelle absurdité:
> « Hark, hark, the dogs do bark »
> « Come away, come away death »
> « Let me not to the marriage of true minds »[26].

---

[24] « I know the lesson by heart. I know my cases and my genders. I could know everything in the world if I wished [...] But I do not wish to come to the top and say my lesson. [...] I do not wish to come to the top and live in the light of this great clock, yellow-faced, which ticks and ticks [...] Those are white words [...] like stones one picks up by the sea-shore [...] Those are yellow words, those are fiery words ... » (*TW*, p. 13-14).

[25] « Let us read writers of Roman severity and virtue ; let us seek perfection through the sand » (*TW*, p. 137).

[26] « One cannot despise these phrases laid like Roman roads across the tumult of our lives ... though one may be humming any nonsense under one's breath at the same time:

'Hark, hark, the dogs do bark'

Sous la surface d'une grammaire romaine court le torrent de la langue anglaise, « bien au fond … un torrent de rêves brisés, de comptines, de cris de rue, de fragments de phrases »[27]. Les vagues sont faites du petit langage, de *ces bribes autochtones - fragments de la langue - qui fondent la poétique de Virginia Woolf et notre écoute*[28].

Eternel retour et présent réminiscent

C'est à partir de cet aperçu, que je nommerai l'incidence de la langue dans l'écriture, que nous reprenons le propos initial d'une tension harmonique propre à la phrase et fondée sur la brisure. Rappelons-nous la jeune fille de *The Waves* participant, corps et âme confondus, au mouvement des vagues :

> Je serai brisée. Je serai jetée haut et jetée bas, comme un bouchon de liège dans une mer houleuse […] La vague se brise. Je suis la mousse qui traverse la plage et atteint de sa blancheur même les bords extrêmes des rochers ; je suis une jeune fille aussi, ici, dans cette chambre.

et Héraclite pour qui la brisure participe de l'unité des contraires,

> Tout est un [...] Sont une seule et même chose le visible et l'invisible, le jour et la nuit, le bien et le mal, le pur et l'impur, le droit et la courbe [...] L'homme dissocie les contraires, brise ce que la nature unit ; mais l'homme, à son tour, doit être brisé[29].

'Come away, come away, death'
'Let me not to the marriage of true minds' » (p. 199).

[27] « deep below [...] a rushing stream of broken dreams, nursery rhymes, street cries, half-finished sentences » (*TW*, p. 196).

[28] Nous avons déjà analysé la poétique de *The Waves* dans deux articles: « 'Passages dérobés' : La traduction du poétique : *The Waves*, Virginia Woolf, *Les Vagues*, Marguerite Yourcenar », *Frontières et passages: les échanges culturels et littéraires*, Actes du XXVIII congrès de la SFLGC, textes réunis par Chantal Foucrier et Daniel Mortier (Presses Universitaires de Rouen) , n° 270, 1999, pp.47-55 ; et «*The Waves*, Virginia Woolf, Origine et création de la métaphore », in : *Etudes de poétique*, rassemblées par Josiane Paccaud-Huguet et Michèle Rivoire, Presses Universitaires de Lyon, 2001 pp. 159-167.

[29] Héraclite, *Fragment 1*, p. 25.

Il s'agit de la loi selon laquelle, dans l'exégèse du *fragment 1* d'Héraclite, le négatif, comme la mort dans le texte de Virginia Woolf, ne peut manquer de revenir. Dans *The Waves* ce sera la mort de Perceval, « Et la mort vint faire son fracas, – celle de Perceval »[30]. Et puis, par le retour imposé de la phrase, nous assistons à l'émergence du chant, « Perceval est mort, il est mort en Egypte ; il est mort en Grèce ; toutes les morts sont la même »[31]. Dans la trame sonore, par la répétition et le recouvrement des distinctions de lieu et de temps que porte la phrase, s'instaure le sens d'un éternel retour, un mouvement dont on trouve l'écho au moment de l'enterrement de la mère dans *The Years* – titre qui tout comme *The Hours* (premier titre de *Mrs Dalloway), ou Night & Day,* participe de l'éternel retour woolfien :

> La famille s'approchait de plus près de la tombe et **regardait fixement** le cercueil qui reposait, avec son cirage et ses poignées, dans la terre avant **d'être enterré à jamais**. Il avait l'air trop neuf pour **être enterré à jamais**. Elle **regardait fixement** la tombe. Là gisait sa mère ; dans ce cercueil – la femme qu'elle avait tant aimée et haïe. Ses yeux furent éblouis. Elle eut peur de s'évanouir ; mais **elle devait regarder**. Des poignées de terre retombaient sur le cercueil ; trois cailloux tombaient sur la surface dure et polie ; ils retombaient et elle fut saisie par le sens de quelque chose d'éternel, de la vie qui se mêle à la mort, de la mort qui se mêle à la vie. **Car tant qu'elle regardait elle entendit.**[32]

---

[30] « Into this crashed death » (*TW*, p. 202).

[31] « Percival **has died, he died** in Egypt; **he died** in Greece ; **all deaths are one death** »

[32] Virginia Woolf, *The Years* (1937), OUP, 1999, p. 84 : « The family pressed a little closer to the graveside and **looked fixedly** at the coffin which lay with its polish and its handles there in the earth **to be buried forever. It looked** too new **to be buried forever.** She stared down into the grave. There lay her mother; in that coffin - the woman she had loved and hated so. Her eyes dazzled. She was afraid that she might faint ; but **she must look**. Earth dropped on the coffin ; three pebbles fell on the hard shiny surface ; and as they dropped she was possessed by a sense of something everlasting, of life mixing with death, of death becoming life. **For as she looked she heard ...** ».

Ce moment semble être tissé de perceptions synesthésiques – les différents niveaux sensoriels s'interpénètrent – recouvrant comme une toile l'inconcevable de la mort, et emportant, dans un mouvement qui passe dans l'écriture comme un remous, son insupportable immobilité. De même dans *Moments of Being, A Sketch of the Past,* se compose contre la brisure de la mort, et par mesures répétées, le vu d'un « présent réminiscent » :

> Je me suis penchée sur le bord de la fenêtre cette matinée où elle est morte. **Il était** à peu près six heures, j'imagine. **J'ai vu** le docteur Seton s'éloigner dans la rue, la tête baissée, les mains jointes derrière son dos. **J'ai vu** les pigeons planer et puis se poser. J'ai éprouvé une sensation de tranquilité, de tristesse et de finitude. **Ce fut** une belle matinée bleu, printanière, et très immobile[33].
>
> **Je nous vois** maintenant, de noir vêtus, de noir ininterrompu, Georges et Gerald en pantalon noir, Stella le voile de crêpe noir attaché à sa robe, Nessa et moi-même [...] **je nous vois** sortir de Hyde Park Gate un bel après-midi d'été, marcher en cortège, la main dans la main [...] **Je nous vois marcher** [...] dans Kensington Gardens ; et combien rayonnait dorée la cytise. Et puis nous nous sommes assis, silencieux, sous les arbres[34].

Rythme et récitatif

Cette écriture est forcément vocale. Elle se rapproche du récitatif, une déclamation notée, musique vocale qui relate quelque chose.

---

[33] Virginia Woolf, « A Sketch of the Past », in : *Moments of Being*, Triad/Panther, 1978, p. 78 : « I leant out of the nursery window the morning she died. **It was** about six, I suppose. **I saw** Dr Seton walk away up the street with his head bent and his hands clasped behind his back. **I saw** the pigeons floating and settling. I got a feeling of calm, sadness, and finality. **It was** a beautiful blue spring morning, and very still. »

[34] « **I see us** now, all dressed in unbroken black, George and Gerald in black trousers, Stella with real crape deep on her dress, Nessa and myself [...] **I see us** emerging from Hyde Park Gate on a fine summer afternoon and walking in procession hand in hand [...] **I see us** walking [...] into Kensington Gardens ; and how golden the laburnum shone. And then we sat silent under the trees. » (*SP, p.* 109).

Intimement lié à l'oralité et au mnésique qui traduisent ici les rythmes de la mer, le récitatif porte le récit dont il fournit le rythme vocal au moins dans les trois textes de Virginia Woolf où la mer est le *leitmotiv* principal: *The Voyage Out, To the Lighthouse, The Waves*. La qualité vocale du récitatif est particulièrement prononcé dans *To the Lighthouse* où le mouvement de reprise est très sensible. On peut voir ce mouvement comme fondé sur *l'anaphore* et porteur de reprises: *l'anaphorèse*. C'est en suivant le fil de très près que l'on perçoit que ce rythme s'instaure toujours à partir d'une souvenance, des voix, des mots entendus et rappelés dans des états de demi-conscience – après le dîner, avant de s'endormir, en bateau – des mots dont on oublie le sens pour n'en garder que la sonorité. Ecoutons la fin de la scène du dîner dans ce texte où Mrs Ramsay, s'absente le temps d'un regard vers l'extérieur :

> [...] the voices came to her very strangely, as if they were voices at a service in a cathedral, **for she did not listen to the words**. The sudden bursts of laughter and then one voice (Minta's) speaking alone, reminded her of men and boys crying out the Latin words of a service in some Roman Catholic cathedral. [...] Her husband spoke [...] He was repeating something and she knew it was poetry **from the rhythm** [...] The words [...] sounded as if they were floating like flowers on water out there, cut off from them all, as if no one had said them, but they had come into existence of themselves [...] **She did not know what they meant**, but, like music, the words seemed to be spoken by her own voice, outside herself, saying quite easily and naturally what had been in her mind the whole evening while she said different things[35].

Ce n'est pas le sens des mots dont on se rappelle à la fin de cette scène, mais plutôt ce qui s'y est entendu. Ce qui en reste est quelque chose entre sonorité et silence, entre sussurrement et chuchotement. Ecoutons l'accumulation des 's' dans l'original , « the voices [...] voices [...] one voice [...] the latin words [...] The words [...] the words seemed to be spoken by her own voice [...] As if this were their own

[35] Woolf, Virginia, *To the Lighthouse* (1927), London, Penguin, 1992, p. 102.

voice speaking ». Cette répétition de la consonne sonore, s'entend par déplacement dans ma traduction :

> [...] les voix lui parvenaient bien étrangement, comme si c'étaient des voix entendues lors d'un office dans une cathédrale, car **elle n'écoutait pas les mots**. Les éclats de rire et puis une voix (celle de Minta) qui parlait toute seule, lui rappelaient des hommes et des garçons qui chantent **les paroles latines** d'un office dans une cathédrale catholique [...] Son mari parla [...] Il répétait quelque chose et elle savait que c'était de la poésie **à cause du rythme** [...] Les mots [...] sonnaient comme s'ils flottaient comme des fleurs sur l'eau là-bas, coupés d'eux tous, comme si personne ne les avait prononcés, plutôt comme s'ils s'étaient imposés tous seuls [...] **Elle ne savait pas ce qu'ils voulaient dire**, mais **comme de la musique**, les mots avaient l'air d'être prononcés par sa propre voix, à l'extérieur d'elle-même, et de dire tout à fait simplement et tout à fait naturellement ce à quoi elle pensait tout au long de cette soirée tandis qu'elle parlait d'autre chose [...]

La consonne sonore se déplace dans d'autres mots, « comme si [...] lors d'un office [...] toute seule [...] d'un office [...] sonnaient [...] comme s'ils [...] comme si personne ne les avait prononcés, plutôt comme s'ils s'étaient imposés tous seuls », et toutes les répétitions sont respectées.

Résumons. Un rythme s'instaure à partir d'une souvenance de voix, de mots *sonores* « comme de la musique », comme si on écoutait une langue étrangère. Le mot anaphorique est le levier de ce rythme. Il y a un mouvement de reprise (l'*anaphorèse*) qui porte la phrase.

Regardons de plus près ce que j'ai défini comme une poétique de la reprise telle qu'elle s'opère dans la scène du coucher du même texte où les paroles échangées entre Cam – petite fille qui n'arrive pas à dormir – et sa mère se répéteront comme dans une chambre d'échos :

> Et puis elle est revenue vers **Cam** *et* elle a posé sa tête presque à plat sur l'oreiller à côté de la tête de **Cam** *et* elle a dit **comment** c'était beau maintenant; **comment**

> les fées allaient l'adorer ; **c'était** comme un nid d'oiseaux ; **c'était** comme une belle montagne, comme celles qu'elle avait vues à l'étranger, avec des **vallées** *et* des fleurs *et* des clochettes qui sonnent *et* des **oiseaux** qui chantent *et* de petits **oiseaux** *et* des **antilopes** [...] Elle voyait les mots résonner comme elle les prononçait **rythmiquement** dans la tête de **Cam** et Cam répétait après elle que c'était comme une **montagne**, un nid d'**oiseaux**, un **jardin**, *et* il y avait de petites **antilopes**, *et* ses yeux s'ouvraient *et* se fermaient *et* Mrs Ramsay continuait à dire de façon toujours plus monotone, *et* plus **rythmique**, *et* plus absurde, comment elle devait fermer les yeux *et* s'endormir *et* rêver à des **montagnes** *et* des **vallées** *et* des étoiles filantes *et* des perroquets *et* des **antilopes** *et* des **jardins** *et*[36]

Un mouvement – anaphorique et porteur – de vague après vague se trouve véhiculé par la répétition de 'et' qui apparaît vingt-deux fois dans cet extrait ; c'est ici celui d'une marée montante, bruit de fond et arrière-fond des mots qu'elle porte. Insistons qu'il s'agit d'une mise-en-mouvement-des-mots-dans-le-souvenir. A force de réminiscence, de répétition et de reprise, le mouvement se décline au rythme, au fil même de cette écriture qui fournit des métaphores de son éternel retour telles que les marées, mais aussi le tricotage, l'activité de prendre, de passer et de reprendre un fil sans jamais le couper, le tricotage sempiternel de Mrs Ramsay.

Dans cet extrait la parole se trouve adressée à un interlocuteur qui lui fait écho. En même temps elle donne à entendre ce dont elle porte l'écho – le récitatif de son récit. On pourrait dire qu'il s'agit des rythmes de l'oralité. En reprenant une distinction sur laquelle insiste

---

[36] « *And* then she came back to **Cam** *and* laid her head almost flat on the pillow beside **Cam**'s *and* said **how** lovely it looked now ; **how** the fairies would love it ; **it was** like a bird's nest ; **it was** like a beautiful mountain such as she had seen abroad, with **valleys** *and* flowers *and* bells ringing *and* **birds** singing *and* little **birds** *and* **antelopes** [...] She could see the words echoing as she spoke them **rhythmically** in **Cam**'s mind and Cam was repeating after her how it was like a **mountain**, a **bird's** nest, a **garden**, *and* there were little **antelopes**, *and* her eyes were opening *and* shutting *and* Mrs Ramsay went on saying still more monotonously, *and* more **rhythmically** *and* more nonsensically, **how** she must shut her eyes *and* go to sleep *and* dream of **mountains** *and* **valleys** *and* stars falling *and* parrots *and* **antelopes** *and* **gardens** *and* ». (*TL*, p. 106)

Henri Meschonnic, j'insiste que ce n'est pas *le parlé* des mots qui est en jeu dans cette écriture, mais bien plutôt leur oralité. Je cite Meschonnic : « A partir du rythme comme organisation subjective d'une histoire on peut distinguer le parlé et l'oral [...]. L'oral est compris comme un primat du rythme et de la prosodie dans l'énonciation »[37]. Or, l'oralité que, nous rappelle Meschonnic, Hopkins définit comme le tracé de la parole dans l'écrit, Apollinaire comme des « prosodies personnelles », et nous-même comme un composé de mouvement et de sonorité, se trouve mise en mouvement (comme nous avons surtout constaté dans le premier extrait) par le souvenir de quelque chose de déjà entendu.

Revenons à Cam, qui dix ans après avoir été endormie par les mots de sa mère et suite à la mort de celle-ci, entreprendra le voyage au Phare et, bercée par le mouvement de la mer, entendra ces mêmes mots, comme dans une berceuse : .

> Cam était fatiguée de regarder la mer [...]. Mais comme il arrive qu'à ces moments qui précèdent l'endormissement, les choses se simplifient pour qu'un seul détail parmi les myriades puisse s'imposer, ainsi se sentait-elle, en regardant cette île dans son demi-sommeil, tous ces sentiers et ces terrasses et ces chambres passaient, disparaissaient et il ne demeura qu'un encensoir bleu pâle **se balançant rythmiquement se balançant** dans son esprit ; c'était un **jardin** suspendu, une **vallée**, remplie d'**oiseaux**, de **fleurs**, d'**antilopes** [...] elle s'endormait[38].

Soulignons que le mouvement et la sonorité de ces mots repris rappellent celui entrevu par la mère elle-même dix ans auparavant au moment où elle parlait, « Elle voyait les mots résonner comme elle les prononçait **rythmiquement** dans la tête de **Cam** *et* ***Cam*** *répétait*

---

[37] Henri Meschonnic, *Poétique du traduire*, Verdier 1999, p. 117.

[38] « Cam was tired of looking at the sea [...] But as, just before sleep, things simplify themselves so that one of all the myriad details has power to assert itself, so, she felt, looking drowsily at the island, all those paths and terraces and bedrooms were fading and disappearing, and nothing was left but a pale blue censer **swinging rhythmically this way and that across** her mind. It was **a hanging garden** ; it was **a valley**, full of **birds**, and **flowers**, and **antelopes** [...] She was falling asleep. » (*TL*, p. 187).

après elle que c'était comme une ***montagne***, un nid d'**oiseaux**, un **jardin**, *et* il y avait de petites **antilopes** »[39]. « Comme sur les crêtes des vagues ... », les mots sont à la portée d'une trace mnésique qui infiltre la conscience en tant que rythme, et transforme le récit en récitatif.

Le récitatif porte le récit woolfien et fonde une poétique intimement rythmée par le travail de la mémoire inconsciente, le mouvement pulsionnel et sonore des vagues, le va-et-vient des paroles entendues en écho, tel un chant dont l'écriture aurait trouvé les paroles.

[39] « She could see the words echoing as she spoke them **rhythmically** in **Cam**'s mind and Cam was repeating after her how it was like a **mountain**, a **bird's** nest, a **garden**, *and* there were little **antelopes** » (*TL*, p. 106).

MUSIQUE CONTRE SENS ?
Notes sur la traduction d'un début de poème (Paul Celan, *Tübingen, Jänner*)

Dirk Weissmann

Zur Blindheit über- / redete Augen.
(Paul Celan, 1963)

À cécité même / mues, pupilles.
(trad. André du Bouchet, 1968)

Des yeux sous un flot de mots / aveuglés.
(trad. Martine Broda, 1979)

Des yeux re- / battus de discours, convaincus d'être aveugles.
(trad. Jean-Pierre Lefebvre, 1998)

Des yeux dans le discours, / portés à la cécité.
(trad. Jean Bollack, 2000)

Introduction

Dans le cadre de notre réflexion d'ensemble sur les rapports entre poésie et musicalité, je voudrais, dans ce qui suit, adopter la perspective de la *traduction* ou, si l'on veut, de la *traductologie* : comment les aspects musicaux de la poésie – donc, pour faire vite, le rythme et la sonorité – survivent-ils (ou pas) au passage dans une autre langue ? Cette question, je voudrais l'aborder, non pas sous forme d'un discours théorique et général, mais en m'appuyant sur un cas concret : quatre traductions d'un début de poème de Paul Celan intitulé *Tübingen, Jänner.*

Par conséquent, la prétention théorique de mon exposé sera sans doute moindre que celle des autres contributions à ce volume, il se peut même que mes développements risquent de ressembler à une séance de 'travaux pratiques'. Toutefois, une hypothèse de portée plus générale guidera mes réflexions : j'affirmerai en effet que la traduction de la poésie aujourd'hui tient de moins en moins compte des aspects musicaux de l'original, pour privilégier ce qu'elle désigne comme le sens du texte. Cela peut aller jusqu'à une certaine obsession herméneutique et philologique, telle qu'on peut l'observer notamment dans certaines traductions actuelles de Celan – au détriment du chant singulier de cette poésie, qui, lui, est mieux servi par un traducteur-poète. C'est pourquoi je m'intéresserai ici plus particulièrement au cas d'André du Bouchet, dont j'exposerai plus en détail la pratique poétique.

Analyse des quatre traductions

Mais procédons d'abord à un examen des quatre exemples reproduits ci-dessus. Le poème de Celan est paru en 1963 dans le recueil *Die Niemandsrose*[1] ; il est l'un des poèmes les plus connus, commentés et traduits de l'auteur mort en 1970[2]. La première traduction française date du vivant de Celan ; elle est signée par le poète André du Bouchet qui fut aussi son ami[3]. La deuxième version

---

[1] P. Celan, *Gesammelte Werke*, Francfort-sur-le-Main, Suhrkamp, 1983.

[2] Pour une introduction à l'œuvre de Celan, en langue française, voir Andréa Lauterwein, *Paul Celan*, Paris, Belin, 2005.

[3] *L'Ephémère*, n° 7, 1968 ; repris en volume.

est celle de la traduction intégrale du recueil, établie par Martine Broda (en collaboration avec Marc Petit) et parue en 1979[4]. La traduction de J.-P. Lefebvre est sans doute l'une des plus connues, car elle figure dans le *Choix de poèmes*, paru dans la collection de poche Poésie/Gallimard[5], après avoir été publiée dans *L'Anthologie bilingue de la poésie allemande* de la Pléiade (1993). Quant à la dernière version, celle de Jean Bollack, n'ayant pas reçu l'accord des ayants-droits, elle a été publiée dans le cadre d'un commentaire du poème allemand[6].

Afin d'analyser les différentes versions, je me suis délibérément limité aux deux premiers vers de ce poème qui en compte 23 dans la version originale. Or, ce seul exemple suffira à illustrer mon propos, à défaut de livrer une démonstration exhaustive. Afin de faire ressortir les sonorités et les rythmes du poème et de ses traductions, j'ai établi une transcription phonétique des seules voyelles, en dénombrant les groupes syllabiques :

[u] [□] [a□] [y][□]/[e][□][□] [au][□] 1+2+2 / 3+2 = 10
Zur Blindheit über- / redete Augen. *(Celan)*

[a] [e][i][e] [□][□] / [y] [y][i][□] 1+3+2 / 1+3 = 10
À cécité même / mues, pupilles. *(trad. Du Bouchet)*

[□] [ø] [u] [œ-] [o] [□] [o] / [a][œ][□]
Des yeux sous un flot de mots / aveuglés.
1+1+1+1+1+1+1 / 3 = 10 *(trad. Broda)*

[□] [ø] [□] / [a][y] [□] [i][u] [□-][□-][y] [□] [a][œ][□]
Des yeux re- / battus de discours, convaincus d'être aveugles.
1+1+1 / 2+1+2+3+1+3 = 15 *(trad. Lefebvre)*

[□] [ø] [a-] [□] [i][u] / [□][□] [a] [a] [e][i][e]
Des yeux dans le discours, / portés à la cécité.
1+1+1+1+2 / 2+1+1+3 = 13 *(trad. Bollack)*

---

[4] P. C., *La Rose de personne*, Paris, Le Nouveau Commerce, 1979.
[5] P. C., *Choix de poèmes*, Paris, Gallimard, 1998.
[6] J. Bollack, *Poésie contre poésie*, Paris, PUF, 2000.

Mon premier constat portera sur le nombre de syllabes. Il apparaît en effet que celui-ci augmente sensiblement dans les traductions les plus récentes. Si Du Bouchet et Broda cherchent visiblement une ressemblance avec l'original à ce niveau, les traductions ultérieures ne semblent plus tenir compte de ce critère. On observe chez Lefebvre et Bollack une explicitation de la densité sémantique du vers allemand (dans la version quasi-paraphrasante de Lefebvre, on retrouve deux fois plus de matière lexicale, si l'on décompte les caractères), ce qui rend impossible le calque (ou l'équivalent) rythmique. La version de Du Bouchet se singularise par son souci de restituer les groupes rythmiques de l'original (6+4 au lieu de 5+5). A cet égard, on remarque également le peu de mots monosyllabiques que comporte sa version comparée aux autres. Au niveau sémantique, la traduction frappe par son caractère elliptique et son vocabulaire quelque peu précieux (« pupilles », « muer »). Or, ces choix de Du Bouchet sont motivés par le souci de respecter les sonorités du poème de Celan.

J'aborderai à présent le niveau des sonorités, par le biais des voyelles. À confronter l'original avec ses traductions successives, la version de Du Bouchet se distingue de nouveau par sa fidélité musicale. En effet, on observe une étonnante concordance des sonorités, surtout au niveau de la couleur des i (=[□/i]), e (=[e/□]) et ou/u (=[u/au/y]). Par endroits, la distribution des voyelles dans l'original réapparaît sous forme d'un chassé-croisé chez du Bouchet : *redete* [e][□][□]⟩ *même* [□][□] / *Augen* [au][□] ⟩ *à cé* [a][e]. La singularité de ce résultat apparaît plus nettement dès lors qu'on regarde ce même vers dans les autres traductions. Non seulement, les autres versions ne montrent pas la même ressemblance sonore, elles comportent de surcroît des sons complètement étrangers à l'original, voire à la langue allemande (notamment [□-] et [a-]). D'autre part, elles emploient également un vocabulaire plus technique (Cf. « discours ») qui tranche avec le registre de l'original et de la version de Du Bouchet. Somme toute, la singularité de la traduction de Du Bouchet ne saurait faire de doute.

Certes, l'on peut s'interroger sur la pertinence du critère « musical », quand il s'agit de juger de la qualité d'une traduction. Les sonorités et les rythmes peuvent-ils être une priorité ? Et l'obligation de fidélité à l'original implique-t-elle qu'on doive imiter la prosodie et les voyelles allemandes dans une langue aussi différente que le français ? En effet, faire de la « musicalité » le seul critère serait sans doute abusif. Mais la poésie ne saurait pas non plus se réduire aux aspects sémantiques, voire au seul contenu. Toutes les traductions citées ont certes des qualités indéniables. Les traductions de Broda, Lefebvre et Bollack sont précises, voire ingénieuses, au niveau sémantique. Cependant, à force de rendre le sens (supposé) du poème, le texte se transforme parfois en paraphrase explicative, et la poésie disparaît. On a le droit de préférer cette démarche, mais elle revient à sacrifier le lyrisme au bénéfice d'une vérité conceptuelle.

Au contraire, le travail de traducteur d'André du Bouchet, à l'opposé d'une fixation univoque sur le sémantique, s'attache à la musicalité du texte. Sa démarche permet de relativiser les approches philologiques et universitaires, dominantes actuellement, et de cerner une évolution que l'on peut qualifier d'antimusicale, et donc, à mon sens, d'antipoétique, dans la pratique de la traduction. Afin de comprendre tous les enjeux de l'approche de Du Bouchet, examinons maintenant plus en détail sa démarche de traducteur de l'allemand.

André du Bouchet traducteur de l'allemand

André du Bouchet (1924-2001) est l'un des poètes les plus marquants de la deuxième moitié du XXe siècle[7]. Au même titre qu'Yves Bonnefoy, il est l'une des figures tutélaires de la poésie française contemporaine. Son œuvre, couronnée de nombreux prix, a inauguré ce qu'on nomme aujourd'hui la « poésie blanche ». On pourrait dire que son langage dépouillé se méfie des images et de la rhétorique, pour mieux affronter la nudité de l'être ; son écriture rompt la continuité du discours poétique, notamment en accordant une importance majeure aux blancs typographiques.

Critique, le poète fut aussi un traducteur assidu. En effet, il est l'auteur de plus de vingt traductions différentes, publiées tout au long de sa vie. Les langues qu'il a traduites sont – outre l'allemand – le russe et l'anglais. Cette dernière est d'ailleurs la seule langue étrangère qu'il maîtrise réellement. Parmi les auteurs traduits, on compte Shakespeare, Joyce, Mandelstam, puis Hölderlin et Celan. C'est à ces deux derniers que nous allons nous limiter ici.

[7] Cf. Michel Jarrety, *Dictionnaire de poésie*, Paris, PUF, 2001.

D'un point de vue philologique normatif, l'aventure poétique de du Bouchet traducteur de l'allemand a produit de nombreuses aspérités qui peuvent choquer le germaniste. D'une manière générale, son travail de traducteur n'a pas bonne presse. Toutes ses traductions, mais particulièrement celles de l'allemand, ont fait l'objet de critiques sévères, parfois violentes. On ne rappellera ici que l'attaque mémorable lancée en 1972 par Henri Meschonnic contre ses traductions de Celan[8].

Cette situation particulière est d'abord due à une méconnaissance, avouée, voire affichée, de la langue-source. Plus d'une fois, André du Bouchet a fait état de son incapacité à traduire correctement les langues étrangères, tout en persévérant et en défendant son travail, ce qui en a scandalisé plus d'un. Dans son travail de traducteur, l'esprit d'invention dépasse largement l'esprit philologique ; l'appropriation personnelle prédomine sur la fidélité au sens, et même au signifié. En somme, le poète français ne se soumet pas aux règles plus ou moins convenues de la traduction, mais « interprète selon sa situation propre et traduit par distance », comme le remarque justement John E. Jackson[9].

Il paraît assez étonnant qu'André du Bouchet, malgré sa méconnaissance de la langue allemande, ait choisi de traduire des textes qui sont considérés comme parmi les plus difficiles de la littérature allemande, même s'il est vrai qu'il s'est fait conseiller par des spécialistes, voire par l'auteur lui-même, comme dans le cas de Paul Celan qui fut son ami. Pour mieux comprendre son attitude, écoutons ce qu'il en dit dans une lettre à son ami Celan, du 19 septembre 1967[10] :

> [...] Je suis devant votre livre [il s'agit dans doute du recueil *Atemwende*], cher Paul, comme devant un monde qui me serait ouvert absolument et que je sens

---

[8] H. Meschonnic, « On appelle cela traduire Celan », Pour la poétique II, Paris, Gallimard, 1973.

[9] John E. Jackson : « La transparence de l'obstacle. Notes sur la poésie d'André du Bouchet et son rapport à Hölderlin », La Revue des Belles-Lettres, n° 1, 1972.

[10] A. du Bouchet, Lettre à PC, 19 septembre 1967, Deutsches Literaturarchiv, côte D.90.1.1376, souligné par l'auteur.

> près de moi – ne serait-ce que par ce *souffle* qui le ventile et dont je sens la *scansion* – et où le peu d'allemand que je possède m'interdit d'avancer... Moi je pressens aussi votre poème par recoupements de textes déjà déchiffrés qui l'illuminent pour moi – brièvement de loin.../ Je vous serre la main. / André.

Dans une autre lettre, André du Bouchet écrit[11] :

> [...] Ce projet de porter en français une poésie telle que la vôtre sans connaître la langue dans laquelle vous vous exprimez, aggrave, je dois dire, au plus haut point la difficulté inhérente à l'entreprise (d'où lenteur accrue, et douleur) – mais il le faut, et cette difficulté – seulement portée à un degré de plus – touche aussi à l'essentiel.

Au-delà de l'aveu, de la part du traducteur, d'une certaine insuffisance linguistique, ces lignes révèlent la conception particulière qu'avait Du Bouchet de l'acte de traduire. En effet, on pourrait dire que le poète français a en quelque sorte retourné le fameux incipit de la *Crise de vers* de Mallarmé[12], en concevant l'incomplétude des langues comme bénéfique car offrant la chance même de pouvoir accéder au réel. Loin de concevoir ses difficultés de compréhension comme un handicap, le poète français cherchait en effet délibérément un rapport d'étrangeté avec le langage. Fasciné par l'opacité des langues étrangères comme l'allemand, il a essayé d'obtenir cette étrangeté dans sa propre écriture. « Que ma propre langue soit la langue étrangère », a-t-il écrit dans ses *Notes sur la traduction*[13]. Dans son travail de traducteur, il était précisément attiré par des écrivains chez qui il percevait ce même rapport d'étrangeté avec leur propre langue.

---

[11] A. du Bouchet, Lettre à PC, 15 décembre 1968, DLA D.90.1.1376.

[12] « Les langues imparfaites en cela que plusieurs, manque la suprême : penser étant écrire sans accessoires, ni chuchotement mais tacite encore l'immortelle parole, la diversité, sur terre, des idiomes empêche personne de proférer les mots qui, sinon se trouveraient, par une frappe unique, elle-même, matériellement la vérité », St. Mallarmé, *Œuvres complètes*, Paris, 1945.

[13] A. du Bouchet, « Notes sur la traduction », *L'Ire des vents*, n° 13-14, 1986.

Non seulement poésie et traduction sont donc intimement liées chez André du Bouchet, mais la transposition linguistique propre à la traduction y sert de modèle à la création poétique[14]. Chez lui, toute poésie est déjà traduction dans la mesure où elle doit ré-instaurer le lien perdu entre les mots et les choses. L'opacité de la langue étrangère comporte en effet la possibilité de concevoir la langue comme une *matérialité* proche des choses elles-mêmes. Et cette matérialité inclut, à mon sens, la sonorité et le rythme de la langue parlée.

C'est paradoxalement grâce au détour par le mot étranger qu'il ne comprend pas, qu'André du Bouchet retrouve l'évidence des choses familières. Dès lors, le texte à traduire devient la figure d'une altérité qui donne accès au cœur des choses et de l'humain : « mots / eux aussi à forme de visage humain », dit-il[15]. La traduction est la confrontation à un autre qui fait découvrir au poète sa propre identité, comme il l'écrit dans une lettre à Paul Celan : « Comme aisément dans un poème *traduit* parle et se délivre la voix d'un *autre* qui en nous – en moi ces jours-ci – souffre d'être muette. De cet autre sans qui il n'est pas de poème. »[16]

On voit clairement que, loin d'être une technique linguistique, la traduction entretient des liens substantiels avec la conception dubouchetienne de l'écriture poétique. L'une des particularités des traductions de Du Bouchet consiste à accorder, au risque de contresens, une grande importance aux aspects qui excèdent le sémantique, comme la disposition typographique et syntaxique, l'organisation rythmique, les sonorités du texte : ce que, dans sa lettre à Paul Celan, il appelle « souffle » et « scansion ». La langue-source et la langue-cible se trouvent rapprochées chez Du Bouchet, non tant par leurs signifiés que par leur sons et leur organisation syntaxique.

Citons à présent un passage qui pourrait servir d'exergue à toute sa démarche de traducteur de l'allemand[17] :

---

[14] Voir à ce sujet Michel Collot, « Poésie et traduction chez André du Bouchet », *RITM*, n° 1, 1995.

[15] A. du Bouchet, « Notes sur la traduction », op. cit.

[16] A. du Bouchet, *Lettre à PC*, 15 octobre 1967, DLA D.90.1.1376 (Deutsches Literaturarchiv).

[17] A. du Bouchet, « Hölderlin aujourd'hui », *L'Ephémère*, n° 14, 1970, souligné par l'auteur.

> À l'écart, soudain, de la signification – au travers de celles qui sont dévolues ou auxquelles, d'autorité, on me renvoie, j'*entends* une parole. Libre par instants, pour peu que j'écoute, de celle que je *comprends*.

Dans ce propos, l'ouïe, l'écoute est valorisée au détriment de la signification ou du signifié, associés en l'occurrence au jugement du philologue-spécialiste faisant « autorité ». Cette parole de maître doit s'effacer face au souci de la musicalité.

Après cette mise-au-point théorique, examinons à présent d'autres exemples tirés de son travail.

D'autres exemples illustrant sa démarche

Dans ses traductions, afin d'imiter au mieux les propriétés du texte-source, Du Bouchet augmente souvent considérablement le nombre de signes de pause, comme les virgules et les tirets. On constate également un élargissement des espaces blancs tant entre les mots qu'entre les vers. Dans le but de parvenir à une imitation du rythme, le poète rajoute souvent des éléments monosyllabiques tels que des conjonctions et des déictiques. Ces mots insérés ainsi que la ponctuation et la syntaxe de la traduction tendent à installer un rythme qui s'oppose à celui du français standard ou qui ressemble fortement à la prosodie du texte allemand.

Pour illustrer ce procédé, citons un premier exemple tiré de la traduction du poème *Kolomb* de Hölderlin[18] :

> Sauer wird mir dieses wenig (8)
> Amer, cela, pour moi, peu (2+2+2+1)

Nous avons affaire à une phrase allemande avec un attribut en première position, ce qui est un procédé tout à fait banal dans cette langue. Le texte français par contre imite cette syntaxe, en créant une

[18] Friedrich Hölderlin, *Poèmes*, Paris, Mercure de France, 1986. Par souci de simplicité, j'ai renoncé, cette fois-ci, à livrer une transcription phonétique.

juxtaposition étrange de quatre mots sans verbe, ce qui lui permet de se limiter à 7 syllabes (8 dans l'original) et de conserver les mêmes mots à la première et à la dernière place. En somme, la transformation débouche sur un rythme plus accentué que le français standard, procédé servant à imiter la langue allemande qui réalise une prosodie beaucoup plus mélodique que la langue française.

Citons un deuxième exemple tiré du même poème :

> mit der Stimme des Schäfers | oder eines Hessen |
> (7+6)
> de la voix du berger | ou de l'homme du pays de Hesse | (6+7)

En l'occurrence, les groupes rythmiques de 7 et 6 syllabes sont quasiment restitués, même si c'est sous la forme d'un chassé-croisé. Au-delà de ce rapprochement syntaxique avec l'original, on observe surtout un travail sur les voyelles du poème. Ainsi, le mot français *berger* imite le mot *Schäfer* (même voyelle) dans l'original, d'autant qu'il se trouve à la même position dans la phrase. Il en va de même pour le mot *homme* qui reproduit, quasiment à la même place, les voyelles de la conjonction *oder* dans l'original. La proximité des mots *Hessen* et *Hesse* complète l'impression d'une imitation prosodique de l'original. Nous avons donc affaire à un véritable mimétisme sonore et spatial, ce qu'illustre davantage cet autre exemple :

> Thätigkeit | zu gewinnen nemlich |
> (3+6)
> L'action, oui | lorsqu'on peut y accéder |
> (3+7)

Dans cet exemple, nous observons encore une fois le respect de la distribution syntaxique des sonorités. La construction *pouvoir accéder à* (qui est, sur le plan sémantique, une traduction imprécise de *gewinnen* = gagner, parvenir à), sert à rendre le son de la voyelle [e] dans le mot allemand *nemlich*. De la même manière, Du Bouchet a ajouté un élément mono-syllabiques, *oui,* afin de garder le nombre de syllabes du premier groupe syntaxique, tout en réalisant un enchaînement vocalique et un rythme proche de l'original.

Ce procédé se confirme dans d'autres traductions que Du Bouchet a faites de poèmes de Celan. Citons à titre d'exemple le vers final du poème *Todtnauberg* avec sa traduction[19] :

Feuchtes, | viel. (2+1)
humide, | oui. (2+1)

En l'occurrence, le mot *viel,* « beaucoup », a été transformé en « oui » pour tenter de mimer sur le plan phonétique le mot allemand. Du même coup, le nombre de syllabes devient identique, au prix d'un faux-sens néanmoins. D'autre part, il est probable que le choix de « luminet », au début de ce même poème, soit également guidé par des considérations phonétiques et rythmiques :

Arnika, | Augentrost … (3+3)
Arnica, | luminet … (3+3)

Plusieurs traductions seraient possibles pour le nom botanique d'*Augentrost* : délice-des-yeux, euphraise, luminet. Comportant trois syllabes et les voyelles *e* et *u*, « luminet » paraît plus proche du mot allemand qu'« euphraise », qui ne comporte que deux syllabes et aucune voyelle commune avec le mot allemand, pour ne pas parler de « délice-des-yeux », traduction axées sur le sens littéral du mot.

Pour conclure

La démarche de Du Bouchet a pu être considérée comme une approximation insuffisante ou un jeu fâcheux avec le sens concret de l'original. Sans doute cette critique est-elle en partie fondée, si l'on s'en tient au niveau sémantique. Mais il m'importait ici de démontrer que ces traductions comportent également des qualités indéniables, voire singulières. André du Bouchet réussit à imprimer aux versions françaises une cohérence rythmique et vocale qu'on retrouve rarement dans d'autres traductions.

La volonté de Du Bouchet de ne pas expliquer ou paraphraser le texte allemand par sa traduction, mais au contraire de *re-créer* un poème en langue française, ne fait aucun doute. Au lieu de produire

---

19 P. C., *Poèmes*, Paris, Mercure de France, 1986.

une traduction explicative ou paraphrasante, Du Bouchet refait le poème dans l'autre langue, en manifestant une grande économie de moyens. L'« infidélité » philologique, blâmée par d'aucuns, devient ici un principe de la traduction-recréation. Dès lors, le risque de s'écarter du texte original est en fait un risque calculé et assumé.

André du Bouchet, traducteur de l'allemand, *entend* la parole des poètes qu'il traduit et la restitue admirablement en français, sans devoir la *comprendre* dans un sens philologique. Malgré ses insuffisances, la traduction d'André du Bouchet constitue une grande réussite en ce qui concerne la restitution de la syntaxe, du rythme et de la prosodie de l'original allemand. La question de la *justesse* linguistique de la traduction, opérant selon des critères prescriptifs, me semble en l'occurrence mal posée. Il fallait chercher la raison d'être des traductions d'André du Bouchet en tenant compte des critères internes de son travail poétique.

Il faut ajouter que dans le cas de ses traductions de Celan, Du Bouchet a pu bénéficier de l'aide précieuse de l'auteur[20]. Sa collaboration étroite avec ce dernier a sans doute permis de concilier deux choses : d'une part, la confrontation du poète traducteur avec une langue autre, avec sa matérialité et son opacité, au risque de nombreux contresens, et, d'autre part, le souci d'une compréhension précise, d'un respect du sens qui était aussi celui du poète traduit. Sur la base des explications fournies par Celan, la recréation poétique pouvait avancer avec le garde-fou d'une expertise de toute première main. C'est ce que l'on observe si l'on fait la comparaison avec ses traductions de Hölderlin, qui sont plus libres que celles qu'il a faites des poèmes de Celan[21].

André du Bouchet était tout à fait conscient du fait que son approche singulière ne conduisait pas à une traduction sans restrictions ni défauts. Mais il a revendiqué la légitimité d'une telle démarche au plus près de la matière sonore et graphique du texte-source.

Cette question me semble tout à fait cruciale dans la mesure où

---

[20] Voir à ce sujet, ma thèse : *Poésie, judaïsme, philosophie : une histoire de la réception française de Paul Celan*, Paris, 2003, consultable sur www.weissmann.canalblog.fr

[21] Cf. Bernard Böschenstein, « André du Bouchet traducteur de Hölderlin et de Celan », in : Michel Collot (dir.), *Autour d'André du Bouchet*, Paris, PENS, 1986.

Celan, s'il a revendiqué pour lui « un langage plus gris », comme l'a rappelé Marko Pajević dans son introduction, sa poésie n'en comporte pas moins une musique propre que ses premiers auditeurs ont d'ailleurs remarqués immédiatement. Et il me paraît dommage que les traducteurs actuels, sous couvert de la justesse sémantique, voire en sacralisant la vérité supposée des textes, rejettent de telles approches. Au demeurant, André du Bouchet est le seul traducteur à avoir traduit *en poésie* Paul Celan. D'autres poètes auraient voulu s'y essayer, mais ont été écartés au nom de la précision. Les pratiques actuelles, si justifiées soit-elles, manquent à mon sens une part essentielle de la poésie.

LE DEUIL ORIGINEL
Poésie et musicalité selon Rilke

Karine Winkelvoss

À propos du dernier recueil de Rilke en langue allemande, les *Sonnets à Orphée*, Marina Tsvétaïeva écrit au poète : « Ce vers est pure *intonation (intention)* (...) (Intonation : une intention devenue son. Intention incarnée) ».[1] Cette transmutation, par la poésie, de l'intention en intonation se lit notamment dans les dernières lignes du sonnet I, 3, où le jeune poète est invité à oublier l'intention, c'est-à-dire ici le « contenu » initial, la motivation première – amoureuse en l'occurence – de son chant : « C'est chose passagère. / Chanter en vérité est un tout autre souffle. / Un souffle pour rien. Un vol dans le dieu. Un vent. »[2] Si donc la poésie, placée par Rilke sous le signe d'Orphée, se définit comme un *chant* et que le chant à son tour se définit comme un *souffle pour rien*, faut-il en déduire que la poésie, dès lors qu'on la conçoit comme une musique, est pour ainsi dire *sans objet*, qu'elle a abandonné toute exigence de *sens* dans la pure recherche du *son* ?

---

[1] Cité par M. Finck, *Poésie moderne et musique : vorrei e non vorrei : essai de poétique du son*, Paris, Champion, 2004, p. 129. M. Finck consacre tout un chapitre de ce très beau livre au sonnet I, 3 (pp. 129-147).

[2] R. M. Rilke, *Œuvres poétiques et théâtrales*, éd. par G. Stieg, Paris, Gallimard (Bibliothèque de la Pléiade), 1997, p. 587. « In Wahrheit singen, ist ein andrer Hauch. / Ein Hauch um nichts. Ein Wehn im Gott. Ein Wind ». *Sämtliche Werke*, éd. par E. Zinn, Francfort, Insel, 1955-1997, t. I, p. 732.

C'est du moins ce qu'affirme, dans son introduction à l'œuvre poétique de Rilke, Paul de Man, pour qui « le sens des poèmes est la conquête d'une euphonie qu'ils exemplifient par leur propre réussite phonique. »[3] Cette priorité absolue donnée, en somme, à la musicalité (entendue ici comme la qualité sonore) de la poésie, est pour Paul de Man un indice de son autoréférentialité radicale, de sa totale clôture sur soi. Il parle en effet de « l'ascèse d'un langage qui ne veut avoir d'autre référent que lui-même », ce qui ne lui laisserait « que la sonorité comme seule ressource, car elle est la seule propriété du langage qui lui soit réellement immanente et ne se rapporte à rien qui soit situé en-dehors de lui. » Cette lecture qui assimile purement et simplement la musicalité, ou l'euphonie, à la rupture de la poésie avec tout objet extérieur me paraît fausse – et pourtant, il est vrai que la référence musicale est immédiatement liée aux redéfinitions successives du statut de l'objet dans la poétique rilkéenne. L'hypothèse formulée ici est que c'est la tension entre la saisie et la perte de l'objet qui fonde la musicalité poétique selon Rilke.

Dans ses poèmes de jeunesse, Rilke, dans un esprit néo-romantique, oppose la musique des choses à la parole des hommes, la magie des choses au rationalisme humain qui, à trop vouloir les saisir, en fait taire le chant :

> Je redoute tant la parole des hommes.
> Ils expriment tout de manière si claire :
> et cela c'est un chien, et cela s'appelle une maison,
> et voici le début, et la fin est là-bas. (...)
> Je veux toujours mettre en garde et défendre : restez à distance.
> J'écoute si volontiers les choses chanter.
> Vous les touchez : elles sont immobiles et muettes.
> Vous me tuez toutes les choses.[4]

[3] Introduction à R. M. Rilke, *Œuvres*, éd. par P. de Man, t. II (Poésie), Paris, Seuil, 1972, p. 19.

[4] R. M. Rilke, *Œuvres poétiques et théâtrales*, *op. cit.*, pp. 121-122. « Ich fürchte mich so vor der Menschen Wort. / Sie sprechen alles so deutlich aus : / Und dieses heißt Hund und jenes heißt Haus, / und hier ist Beginn und das Ende ist dort. (...) Ich will immer warnen und wehren : Bleibt fern. / Die Dinge singen hör ich so gern. / Ihr rührt sie an :

Le poète est dès lors celui qui se met humblement à l'écoute de la « mélodie des choses » (pour reprendre le titre d'un essai que Rilke a écrit en 1898) afin de faire entendre leur voix, de révéler la musique qu'elles contiennent en puissance[5].

Mais Rilke verra bientôt dans cette conception « musicale » des choses une négligence coupable à leur égard : les écouter de loin, ce serait en réalité ne pas faire l'effort de les regarder de trop près. En fait de donner à entendre la mélodie des choses, le poète ne ferait que les prendre pour prétexte à l'expression de sa propre subjectivité. Se souvenant de la genèse du *Livre d'heures*, il écrit en 1907 : « en ce temps-là, la nature n'était pour moi qu'un prétexte d'ordre général (...) je ne restais pas assis devant elle ; je me laissais entraîner par l'âme qui émanait d'elle ».[6] La rencontre avec les œuvres de Cézanne et de Rodin amorce chez Rilke ce qu'on appelle généralement son tournant objectif, caractérisé par un retour aux choses elles-mêmes, plutôt qu'à la « mélodie » qu'elles inspirent. Une fois que Rilke a placé cette « recherche de la chose »[7] au centre de son travail poétique, qu'il a emprunté à Cézanne le terme-clé de *réalisation* et élaboré à propos de Rodin celui de *Kunst-Ding (chose d'art)* qui informera à son tour le concept de *Ding-Gedicht (poème-chose)*, Rilke rejette la musique jusqu'à la qualifier de « contraire de l'art ». Dans une lettre d'août 1903, l'éloge de Rodin consiste ainsi, en toute logique, à qualifier l'art du sculpteur de « contraire de la musique » :

> Son art fut, d'emblée, réalisation (et le contraire de la musique, dans la mesure où celle-ci transforme les réalités apparentes du monde quotidien et les déréalise encore jusqu'à n'en plus laisser qu'un paraître fluide et sans poids. Ce pourquoi aussi ce contraire de l'art, ce

---

sie sind starr und stumm. / Ihr bringt mir alle die Dinge um. » *Sämtliche Werke, op. cit.*, pp. 194-195.

[5] Le jeune Rilke reprend exactement là le *topos* romantique tel que le formulait Eichendorff dans le célèbre quatrain « Wünschelrute » : « Schläft ein Lied in allen Dingen, / Die da träumen fort und fort, / Und die Welt hebt an zu singen, / Triffst du nur das Zauberwort. » J. von Eichendorff, *Werke in sechs Bänden*, éd. par W. Frühwald, B. Schillbach, H. Schultz, Francfort, Deutscher Klassiker Verlag, 1987, t. I, p. 328.

[6] Lettre du 13. 10. 1907 à Clara Rilke, in : R. M. Rilke, *Œuvres en prose. Récits et essais*, éd. par Claude David, Paris, Gallimard (Bibliothèque de la Pléiade), 1993, p. 996.

[7] *Ibid.*, p. 998.

> refus de condenser, cette tentation de l'épanchement a tant d'amateurs, d'auditeurs et de féaux, esclaves de la jouissance, incapables de s'exalter du dedans et ravis du dehors...)[8].

Pourtant, cette poétique de la *condensation*, de la *réalisation,* sitôt formulée, s'avère source de souffrance, tant elle s'applique difficilement à la poésie :

> j'ai souffert de ce trop haut exemple que mon art ne me donnait aucun moyen de suivre à la lettre ; l'impossibilité de créer corporellement m'a fait souffrir dans mon propre corps, et cette anxiété aussi (dont la teneur était la proximité immédiate de quelque chose de trop dur, de trop minéral, de trop grand) naissait de l'incompatibilité de deux domaines de l'art[9].

A l'opposé de la concentration absolue que représente à ses yeux l'art de Rodin, Rilke, lui, décrit ainsi son état psychique : « tout me traverse au galop, l'essentiel et le plus accessoire, sans que se forme jamais en moi un noyau, un point fixe ; je ne suis que le lieu d'une succession de rencontres intérieures, simple passage et non maison! »[10]

On voit donc se dessiner ici deux paradigmes apparemment opposés : du côté de la sculpture, la saisie de la chose, la réalisation, l'immuable ; du côté de la musique, la perte de la chose, la déréalisation, le mouvant, le fluide, le volatil. Dix ans plus tard, au moment de la grande crise que traverse Rilke entre la publication des *Carnets de Malte Laurids Brigge* (1910) et l'achèvement des *Elégies de Duino* (1922), la caractérisation respective de la musique et de la sculpture demeure semblable, mais le jugement de valeur qui lui est associé a totalement changé. Sous l'impulsion notamment de Magda von Hattingberg, jeune pianiste qui engage en 1914 une correspondance passionnée avec Rilke, le paradigme musical et aérien semble en effet prendre le pas sur le paradigme sculptural et minéral :

---

[8] Lettre du 8. 8. 1903 à Lou Andreas-Salomé, in : R. M. Rilke, *Œuvres, op. cit.*, t. III (Correspondance), éd. par Philippe Jaccottet, p. 31.

[9] Lettre du 10. 8. 1903 à Lou Andreas-Salomé, *ibid.*, p. 35.

[10] *Ibid.*, p. 36.

> le sculpteur ne fait que montrer à sa pierre la plus admirable façon de se fermer. La musique, elle, est sans doute une réalité plus proche, elle coule vers nous qui sommes sur sa route, et nous traverse. Elle est presque une forme plus haute de l'air dont nous remplirions les poumons de l'esprit, elle enrichit notre sang intérieur. Mais *que* ne lance-t-elle pas au-delà de nous ! *Que* ne fait-elle pas passer à côté de nous ! *Que* ne porte-t-elle pas à travers nous, que nous ne pouvons saisir ! Que nous ne pouvons saisir, hélas, que nous perdons.[11]

La tonalité de la plainte demeure, mais ce *hélas* a néanmoins changé de nature : la perte des choses, l'incapacité à les saisir, le fait d'être traversé par elles, de n'être que le théâtre de leur passage éphémère, n'est plus désormais ressenti comme une faiblesse personnelle destinée à être surmontée. Au contraire, l'expression de la perte apparaît de plus en plus à Rilke comme la nature même de la poésie. C'est ce qui se lit dans les tout derniers vers de la première Elégie, achevée en 1912, où la figure de Linos – fils d'Apollon ou maître d'Orphée, selon les légendes – évoque l'origine de la poésie dans la musique et l'origine de la musique dans le deuil et la plainte, dans le manque et le vide :

> Est-ce en vain qu'on raconte que jadis, dans la plainte
> chantée pour Linos,
> une musique audacieuse, la première, traversa la rêche
> fixité,
> et qu'alors seulement, dans l'espace effrayé, d'où
> soudain s'échappait
> pour toujours un jeune homme quasi divin, le vide se
> mit à vibrer,
> de cette vibration qui maintenant nous emporte, nous
> console, nous aide.[12]

---

[11] Lettre du 13. 2. 1914 à Magda von Hattingberg, *ibid.*, p. 289.

[12] R. M. Rilke, *Œuvres poétiques et théâtrales, op. cit.*, p. 530. « Ist die Sage umsonst, daß einst in der Klage um Linos / wagende erste Musik dürre Erstarrung durchdrang ; / daß erst im erschrockenen Raum, dem ein beinah göttlicher Jüngling / plötzlich für immer enttrat, das Leere in jene / Schwingung geriet, die uns jetzt hinreißt und tröstet und hilft. » *Sämtliche Werke, op. cit.*, p. 688.

Il est significatif que le rythme même du vers rilkéen, qui de manière générale, dans les *Elégies de Duino,* est relativement libre, retrouve précisément ici, dans les deux premiers vers sur Linos, le rythme de l'élégie antique : celui du distique élégiaque. Comme si la simple évocation de ce deuil originel touchait à ce point le cœur de la poésie qu'elle en faisait entendre la pulsation la plus ancienne, le rythme le plus intime.

Il y a donc bien un lien très fort entre la référence à la musique et la poétique de la plainte et du deuil, la poétique de ce que « nous ne pouvons saisir, hélas, que nous perdons ». Ce lien est tellement fort que les deux termes en deviennent synonymes, de sorte que le terme de « musique » en vient à désigner, bien plus qu'un simple « domaine de l'art », le mouvement même de ce qui nous échappe, et qui est en réalité l'objet de tous les arts – un objet qui, certes, se dérobe toujours. Ainsi Rilke parle-t-il aussi de musique à propos de la peinture, comme dans la lettre déjà citée à Magda von Hattingberg, à propos d'une *Crucifixion* du Greco qu'il avait vue à Madrid au musée du Prado. Une image de deuil dont la force est précisément, dit-il, de nous montrer « ce que nous ne pouvons saisir », sous l'aspect de Marie-Madeleine échouant à recueillir, à contenir le sang du Christ :

> elle le voit jaillir de la plaie de la poitrine et ruisseler des stigmates des mains : elle ne voit rien que ce sang (...) la musique n'est-elle pas en vérité comme ce sang – Magda, n'as-tu pas essayé quelquefois de la retenir de tout ton cœur bouleversé, sans y parvenir ? Ou n'y parvenant qu'à l'aide des anges descendus jusqu'à toi ?[13]

Magda a beau protester que non, que la musique n'est pas comme ce sang[14], cette image est trop profondément rilkéenne pour pouvoir être si facilement écartée. Elle s'inscrit en effet dans la continuité d'une réflexion que le jeune Rilke, déjà, avait engagée en lisant *La naissance de la tragédie* de Nietzsche. Les notes de lectures prises en 1900 (une quinzaine de pages, non traduites en français, intitulées *Marginalien zu*

---

[13] Lettre du 13. 2. 1914 à Magda von Hattingberg, in : R. M. Rilke, *Œuvres*, t. III (Correspondance), *op. cit.*, pp. 289-290.

[14] Lettre du 20. 2. 1914 à Rainer Maria Rilke, in : R. M. Rilke, *Briefwechsel mit Magda von Hattingberg*, éd. par I. Schnack et R. Scharffenberg, Francfort/Leipzig, Insel, 2000, p. 150.

Friedrich Nietzsche), témoignent d'une reconfiguration très particulière des concepts nietzschéens : tandis qu'en effet le philosophe considère le dionysiaque et l'apollinien comme les principes respectifs de la musique et des arts plastiques, le poète y voit une dialectique interne à tous les arts.[15] Ainsi, le terme de musique, s'il continue à désigner pour Rilke la force (dionysiaque) qui est à la fois en-deçà et au-delà de la forme (apollinienne), devient pourtant chez lui un principe universel de l'art. Il note par exemple :

> le terme de musique ne désigne-t-il pas plus généralement cette première et obscure *cause* [*Ursache*] de la musique et donc la cause de tout art ? Force libre et mouvante, surabondance de Dieu ? Le sens de la peinture et de la sculpture est lui aussi d'interpréter cette « musique », de la consommer dans des images [*an Bildern zu verbrauchen*].[16]

C'est bien aussi le sens de la poésie véritable, même si, dit-il encore,

> la plupart des poèmes ne sont pas des images imposées par la terreur qu'inspire le courant de la musique étrange et intacte, ils ne sont pas des roues de moulins exposés à la chute puissante du ruisseau, mais des moulins vers lesquels il faut amener à grand'peine et de très loin une eau stagnante qui les meut mollement et à contre-cœur.[17]

Le vrai poème est donc une image suscitée par cette force irrésistible appelée musique, qui jamais ne s'épuise dans cette image et jamais n'y est définitivement contenue, qui éternellement la dépasse et demeure éternellement « intacte » (*unverbraucht*) et « étrangère » (*fremd*). Le poème est une forme qui affleure passagèrement de

---

[15] *Cf.* K. Winkelvoss, *Rilke, la pensée des yeux*, préface de Georges Didi-Huberman, Paris, PIA (Sorbonne Nouvelle), 2004 ; *id.*, « La respiration des statues. Rilke, Nietzsche et la musique », in : *A la croisée des langages. Texte et arts dans les pays de langue allemande*, éd. par E. Brender, K. Hausbei, B. Jongy, J.-F. Laplénie, G. Vassogne, Paris, Presses de la Sorbonne Nouvelle, 2006, pp. 179-187.

[16] R. M. Rilke, « Marginalien zu Friedrich Nietzsche », in : *Sämtliche Werke, op. cit.*, t. VI, p. 1176.

[17] *Ibid.*, p. 1170.

l'informe, et qui – comme toute œuvre d'art – se définit précisément par ce caractère ouvert, en perpétuel devenir. C'est ce qui fait la musicalité du poème au sens rilkéen. Comme le dit ailleurs le tout jeune Rilke : « Ces choses donc, chanson, poème, image, sont différentes des autres choses (...) Elles ne *sont* pas. Elles ne cessent, chaque fois, de *devenir.* »[18] La musique comme la force qui est en-decà et au-delà de la forme poétique, la musique comme ce qui donne lieu à la poésie et l'excède à la fois : c'est là une idée qui se prolonge jusque dans la dernière période de l'œuvre de Rilke, ainsi dans ce poème de janvier 1918 intitulé *À la musique,* où la musique est qualifiée de « langue où les langues finissent » : « Musique : Respiration des statues. Peut-être : / silence des tableaux. Ô langue où les langues / finissent »[19]. Cette musique à l'œuvre aussi bien dans la sculpture et la peinture que dans la poésie offre le modèle d'un art qui respirerait pour ainsi dire entre la forme et l'informe, entre le visible et l'invisible, entre le dicible et l'indicible ; cette respiration, que le poème se doit de rendre sensible et qui est bien une catégorie rythmique et musicale, est déjà poésie en puissance, comme le suggère Rilke dans les vers qui ouvrent la deuxième partie des *Sonnets à Orphée* : « Respirer, invisible poème! »[20] La musique définie comme « respiration des statues » réconcilie le sculptural et le musical, le minéral et l'aérien, la pierre et le souffle – de sorte que la poésie elle aussi se situe désormais au-delà de l'alternative artificielle entre « réalisation » et « déréalisation », condensation ou évaporation de la chose, présence ou absence, saisie ou perte de l'objet.

Il apparaît donc que la référence à la musique ne signifie pas chez Rilke le renoncement à toute « présence qui se situe en dehors [du

---

[18] R. M. Rilke, *Œuvres en prose, op. cit.*, p. 252. Traduction légèrement modifiée.

[19] R. M. Rilke, *Œuvres poétiques et théâtrales, op. cit.*, p. 1025. « Musik: Atem der Statuen. Vielleicht: / Stille der Bilder. Du Sprache wo Sprachen / enden. » *Sämtliche Werke, op. cit.*, t. II, p. 111. *Cf.* Thomas A. Kovach, «„Du Sprache wo Sprachen enden“ : Rilke's Poem „An die Musik“ », in : *Seminar. A Journal of Germanic Studies*, vol. 22, n° 3, 1986, pp. 206-217. Sur Rilke et la musique, *cf.* aussi R. Görner, « “...und Musik überstieg uns...”. Zu Rilkes Deutung der Musik », in : BIRG 10 (1983), pp. 50-68 ; S. Pasewalck, « Die Maske der Musik : zu Rilkes Musikauffassung im Übergang zum Spätwerk », in : *Poetik der Krise*, éd. par H. R. Brittnacher, S. Porombka et F. Störmer, Würzburg, Königshausen & Neumann, 2000, pp. 210-229, et enfin le chapitre “Musik” de R. Görner in : *Rilke-Handbuch*, éd. par Manfred Engel, Stuttgart, Metzler, 2004, pp. 151-154.

[20] R. M. Rilke, *Œuvres poétiques et théâtrales, op. cit.*, p. 600. « Atmen, du unsichtbares Gedicht! » *Sämtliche Werke, op. cit.*, t. I, p. 751.

langage] »[21], l'établissement d'un univers poétique radicalement autonome. Rilke a d'ailleurs toujours refusé l'art qui rompt tout rapport avec l'objet, comme c'est le cas selon lui dans la peinture dite « abstraite », qu'il voit naître.[22] Ainsi écrit-il à propos de Paul Klee :

> Ce qui est bouleversant, après la disparition du *sujet* proprement dit, c'est qu'à présent, la musique et l'art graphique se prennent réciproquement pour *sujet* l'un de l'autre – ce court-circuit des arts à l'insu de la nature, voire de l'imagination, est pour moi le phénomène le plus inquiétant d'aujourd'hui[23].

Nul doute que Rilke refuse également un tel court-circuit entre la musique et la poésie, et que la disparition du sujet, ou de l'objet (*Fortfall des Sujets, Ausfallen des Gegenstandes*) lui apparaît tout aussi fatal en poésie. Dans cette même lettre de 1921 à Baladine Klossowska, il poursuit :

> durant ces années de guerre j'ai cru souvent éprouver exactement cette disparition de l'*objet* [...] mais à présent, à la lecture de ce livre plein d'esprit de Hausenstein [sur Klee] j'ai pu découvrir en moi un calme immense et comprendre, malgré tout, à quel point toute chose est sauve pour moi... Il faut une obstination de citadin (et Hausenstein en est un) pour oser prétendre que rien n'existe plus : moi, à partir de tes petites primevères, je puis repartir à neuf ; vraiment, rien ne m'empêche de trouver toutes choses inépuisables et intactes : où l'art prendrait-il son point de départ si ce n'était dans cette joie et dans cette tension d'un commencement infini ?[24]

---

[21] Introduction à R. M. Rilke, *Œuvres, op. cit.*, t. II (Poésie), p. 32.

[22] W. Eckel, entre autres, a mis en évidence, à partir des mutations de la référence musicale chez Rilke, l'ambiguïté du poète entre abstraction et mimesis. « Musik, Architektur, Tanz. Zur Konzeption nicht-mimetischer Kunst bei Rilke und Valéry », in : *Rilke und die Weltliteratur*, éd. par M. Engel et D. Lamping, Düsseldorf, Artemis & Winkler, 1999, pp. 236-259.

[23] Lettre du 23. 2. 1921 à Baladine Klossowska, in : R. M. Rilke, *Œuvres, op. cit.*, t. III (Correspondance), p. 460.

[24] *Ibid.*, p. 461.

L'*euphorie* de la poésie rilkéenne, pour reprendre le terme de Paul de Man, n'est donc pas dans la disparition de l'objet, mais dans « cette tension d'un commencement infini » qui en est l'autre terme dialectique et qui permet de « trouver toutes choses inépuisables et intactes » : chez Rilke, les choses disparaissent pour mieux apparaître, se perdent pour mieux être trouvées, comme il l'écrit à propos de Mitsou, le petit chat de Balthazar Klossowski, fils de Baladine, futur Balthus, et qui avait onze ans à l'époque. Balthus, qui avait trouvé, puis perdu un chat, raconte son histoire dans une série de quarante dessins pour lesquels Rilke a écrit une préface. Il y dit ceci :

> Trouver. Perdre. Est-ce que vous avez bien réfléchi à ce que c'est que la perte ? (...) la perte, toute cruelle qu'elle soit, ne peut rien contre la possession, elle la termine, si vous voulez ; elle l'affirme ; au fond ce n'est qu'une seconde acquisition, toute intérieure cette fois et autrement plus intense.[25]

L'œuvre est un travail de deuil (que Rilke appelle ici la « tristesse laborieuse »), qui consiste à transformer l'absence en présence plus intense, le vide en plénitude, ce que nous perdons en ce qui nous dépasse, la plainte en célébration, l'élégie en hymne : c'est là le mouvement général des *Elégies de Duino*.

La musique – au sens rilkéen – est porteuse de ce travail et de cette transformation, comme on le lit dans les fameux vers sur Linos : « le vide se mit à vibrer, / de cette vibration qui maintenant nous emporte, nous console, nous aide. »[26] La musique qui intéresse Rilke n'est pas un monde du son autonome, mais le produit d'une telle transformation. Un texte en prose de 1919 intitulé *Bruit premier* (*Ur-Geräusch*) le montre très clairement. Rilke y revient sur la fabrication d'un phonographe en cours de physique au lycée.

> Quand l'un de nous parlait ou chantait dans le cornet acoustique, la pointe plantée dans le parchemin transmettait les ondes sonores à la surface sensible du

[25] R. M. Rilke, *Lettres à un jeune peintre* (Balthus), suivi de *Mitsou*, quarante images par Balthus, préface de M. de Launay, Paris, Somogy / Archimbaud, 1998, p. 50.

[26] R. M. Rilke, *Œuvres poétiques et théâtrales, op. cit.*, p. 530.

> cylindre qui tournait lentement à son contact, et si, aussitôt après, on faisait repasser la bienveillante aiguille sur le chemin qu'elle avait tracé (...), le cornet de papier nous renvoyait, tremblant et vacillant, le son qui était encore le nôtre à l'instant (...) Je pensai alors, et des années durant, que ce son autonome, extrait de nous-mêmes et conservé au-dehors, allait rester pour moi inoubliable. Il en fut autrement, et c'est l'origine de ces remarques. Ce n'est pas lui, ce n'est pas le son sorti de l'entonnoir, qui allait prévaloir dans mon souvenir : les signes gravés dans le cylindre me paraissaient beaucoup plus singuliers.[27]

En fait, ce n'est ni le son autonome, ni les signes gravés en eux-mêmes qui fascinent Rilke : c'est le passage du signe au son, la transformation, la transmutation. Car il propose alors l'expérience suivante : faire passer l'aiguille du phonographe

> sur une piste qui ne résulterait pas de la transposition graphique d'un son, mais existerait elle-même à l'état naturel (...) [par exemple la suture du crâne] que se passerait-il ? Il devrait se produire un son, une succession de sons, une musique... (....) bruit premier qui apparaîtrait alors dans le monde (...) Cela provisoirement posé : quelles lignes, où qu'elles soient, n'aimerait-on pas glisser sous la pointe et soumettre à cette épreuve ? Quel contour n'aimerait-on pas en quelque sorte mener de cette manière jusqu'à son terme, pour ressentir ensuite comment il s'introduit, ainsi transformé, dans un autre domaine sensoriel ?[28]

Le son, ou la musique, n'apparaît pas ici comme une alternative au visuel, voire comme son abolition (comme le dit Paul de Man), sa « déréalisation », mais au contraire comme son accomplissement, sa réalisation proprement dite. Le son achève le contour et le rend sensible, visible, lisible presque : c'est là aussi le sens d'une expérience que fait Rilke en Egypte, où il passe toute une nuit devant le grand

---

[27] R. M. Rilke, *Œuvres en prose*, *op. cit.*, p. 636.
[28] *Ibid.*, p. 638.

Sphinx. Relatant cet épisode à Magda von Hattingberg, il écrit : « Si je n'ai pas encore trouvé le chemin de la musique, je connais les bruits, et il m'en est advenu un des plus étranges, puis-je vous le raconter ? » Il décrit alors la difficulté qu'il éprouve à regarder ce Sphinx, à voir et à ressentir suffisamment ce qu'il voit :

> Que de fois mon regard avait essayé cette joue [du Sphinx] en détail (...) Comme je la contemplais de nouveau, je me trouvai soudain, inopinément, introduit dans sa confiance, je pus la saisir, l'éprouver dans la plénitude de sa rondeur. Je ne compris qu'un instant après ce qui s'était passé. Ceci : de sous le bord de la coiffe royale, une chouette s'était envolée et lentement, ineffablement sensible à l'ouïe dans la pure profondeur de la nuit, avait effleuré de son tendre vol le visage ; et maintenant, sur mon ouïe que des heures de silence nocturne avaient rendue parfaitement limpide, le contour de cette joue, comme par un miracle, était inscrit. // Telle fut jusqu'ici, à quelque exceptions près, ma musique[29].

Ici, comme dans l'expérience du phonographe, c'est le passage au son qui donne véritablement une existence sensible au contour ; mais si le son *réalise* si bien le contour, c'est que ce son est à son tour une inscription, un tracé – « sur mon ouïe que des heures de silence nocturne avaient rendue parfaitement limpide », comme une page blanche. Il y a certes transformation du contour visible en son audible, mais ce son ne se détache pas, ne s'abstrait pas du contour qu'au contraire il retrace. Loin de devenir autonome et d'établir un au-delà de tout objet, il en intensifie la présence.

Et pourtant, cette inscription d'un contour « sur mon ouïe» relève bien de la fameuse « transformation du visible en invisible » que le Rilke des *Elégies de Duino* considère comme la tâche urgente de la poésie – urgente parce qu'elle est précisément la seule réponse possible à cette disparition des choses qui fait en même temps l'objet de la plainte élégiaque.[30] La musique est au cœur de cette configuration

[29] Lettre du 1. 2. 1914 à Magda von Hattingberg, in : R. M. Rilke, *Œuvres, op. cit.*, t. III (Correspondance), pp. 259-260.

[30] Cf. sur ce point la célèbre lettre du 13. 11. 1925 à Witold von Hulewicz, *Ibid.*, notamment pp. 590-592.

paradoxale : à la fois chant de la plainte sur la disparition des choses, vibration du vide que crée cette disparition (selon les termes des vers sur Linos), et accomplissement de leur contour, « conservation / de la figure encore connue », selon la formule de la Septième Elégie.[31] La poésie qui, sous le signe d'Orphée, se conçoit comme une musique, est bien une parole de perte et de deuil : Orphée lui-même est invoqué comme le dieu perdu, comme dans le sonnet I, 26 qui clôt la première partie du recueil : « Ô dieu perdu ! [*O du verlorener Gott !*] » Mais la suite immédiate dit aussi : « Trace infinie ! [*unendliche Spur !*] » L'idée de trace indique bien l'essentielle conservation du lien qui unit la parole poétique à cette présence qui se situe en-dehors d'elle.

« Chanter en vérité est (...) un souffle pour rien (...) un vent » : ce testament poétique rilkéen, testament musical s'il en est, ne saurait être interprété comme l'expression d'une indifférence de la poésie à tout objet. Si la chose même se dérobe toujours, et que ne demeure que la plainte, la vibration du vide, ce deuil originel de la poésie ne donne pas lieu à une euphorie d'euphonie, à la libération du signifiant dont parle Paul de Man. La parole de deuil, qui est une dimension essentielle de la poésie de Rilke tout au long de son œuvre, ne saurait être simplement une manière pour lui de légitimer sur le plan thématique une poésie qui serait en réalité pure « entreprise mécanique »[32] structurellement fondée sur le renoncement à un langage de la présence. C'est que si l'objet de la poésie ne cesse de nous échapper, il n'en est pas évacué pour autant : la poésie de Rilke cherche au contraire à en faire entendre la trace, qui est à la fois présence et absence, parole et silence. Si donc la visée poétique de Rilke n'est pas dans la saisie de l'objet ni dans la formulation d'un message articulé, elle ne relève pas pour autant d'un simple jeu formel et autoréférentiel. Ainsi, la musicalité de la poésie rilkéenne n'est pas un culte rendu au dieu de l'euphonie[33], mais une écoute du silence, de ce bruissement, de ce vent produit par l'absence et la disparition – « nouvelle incessante » malgré tout. Ainsi le dit la Première Elégie :

---

[31] R. M. Rilke, *Œuvres poétiques et théâtrales, op. cit.*, p. 546. « die Bewahrung / der noch erkannten Gestalt. » *Sämtliche Werke, op. cit.*, t. I, p. 712.

[32] Paul de Man, introduction à R. M. Rilke, *Œuvres, op. cit.*, t. II (Poésie), p. 19.

[33] A propos du *Livre d'heures*, Paul de Man écrit ainsi : « Le „Dieu" que les poèmes désignent en une multitude de métaphores et d'attitudes changeantes n'est autre chose que la facilité acquise dans la technique de la rime et de l'assonance. » *Ibid.*, p. 19.

Non que tu supportasses, loin
s'en faut, la voix de *Dieu.* Mais entends ce qui vente,
la nouvelle incessante qui se fait de silence.
Un bruit monte vers toi, maintenant, de ces morts d'âge
tendre.[34]

[34] R. M. Rilke, *Œuvres poétiques et théâtrales, op. cit.*, p. 529. « Nicht, daß du *Gottes* ertrügest / die Stimme, bei weitem. Aber das Wehende höre, / die ununterbrochene Nachricht, die aus Stille sich bildet. Es rauscht jetzt von jenen jungen Toten zu dir. » *Sämtliche Werke, op. cit.*, t. I, p. 687.

LES ARTS DE LA PAROLE
ENTRE LES DEUX GUERRES
(Stramm, Ball, Hausmann, Blümner, Schwitters)
ET LA QUESTION DU SENS

Marko Pajević

La situation après la Seconde Guerre mondiale

Aujourd'hui, il est difficile d'imaginer l'importance accordée à la voix et à la présentation des textes dans le premier tiers du XXe siècle. Les Allemands en sont séparés par l'expérience national-socialiste et c'est seulement maintenant qu'ils commencent à se prendre conscience de cette problématique.

En Allemagne, après la Seconde Guerre mondiale, on se méfie du pathos. Tout ce qui est assimilé aux grands sentiments et à l'esthétisme, est *a priori* considéré comme dangereux. L'aspect sonore de la littérature en fait partie. Le pays est trop imprégné de l'expérience nationale-socialiste, avec son esthétisation du politique et son art de la propagande, manipulant par le charisme et la pompe aveuglante une grande partie du peuple. La stratégie culturelle allemande était d'éviter à tout prix qu'une telle catastrophe se reproduise. Et puisque beaucoup de domaines artistiques avaient été abusés par les nazis, l'expression artistique était également coupée d'un bon nombre de ses traditions. L'Allemagne d'après-guerre avait raison de valoriser l'objectivité par rapport à une subjectivité basée sur l'autorité obscure et sur une terminologie floue ou moralement inadmissible. Or cette idiosyncrasie contre le pathos a pris parfois des formes perverties, par exemple lorsque des membres du Groupe 47 récusaient la lecture de Paul Celan en 1952 parce qu'il parlait prétendument « comme Goebbels », confondant ainsi la propagande nazie avec un parlé-chanté provenant de la tradition juive. Celan en fut choqué et traitait les représentants de cette nouvelle forme de manichéisme de « joueurs de foot »[1]. Inutile d'élaborer plus longuement les problèmes rencontrés par la création artistique confrontée à une telle ambiance culturelle.

Après la Seconde Guerre mondiale, l'écriture, avec sa valorisation d'une rationalité maîtrisée, l'emportait sur la sonorité et ses effets plus émotifs. Bien sûr, l'évolution technique a fait que le pathos d'avant est devenu obsolète, plus besoin de crier et de moduler énormément sa voix devant un écran de télévision – trop de gestuelle et de discours passionné passent mal sur l'écran, tandis que devant une foule en plein air, mieux vaut s'échauffer un peu pour faire passer ses idées. Avec l'évolution des médias la dimension corporelle de la parole perdait ainsi de son importance. Par conséquent, après la Seconde Guerre mondiale, les textes devinrent plus monotones, plus sobres[2].

Le vingtième siècle vécut une transformation des beaux-arts qui, auparavant, étaient au service de l'harmonie et devinrent, ensuite, des «beaux-arts qui ne sont plus beaux », pour citer le titre célèbre d'un symposium, « Die nicht mehr schönen Künste »[3]. Cela concerne également la musique et lorsqu'on parle de musicalité aujourd'hui, on ne peut plus l'identifier tout simplement à l'harmonieux. C'est dans ce contexte-là que l'on peut par conséquent parler de la performance sonore de la poésie pour se concentrer sur une époque où cette

---

[1] Cf. pour ce rapport entre Paul Celan et le Groupe 47 Klaus Briegleb : « Ingeborg Bachmann et Paul Celan. Ihr (Nicht-)Ort in der Gruppe 47 (1952-1964/65). Eine Skizze», in: *Ingeborg Bachmann und Paul Celan. Poetische Korrespondenzen. Vierzehn Beiträge*, éd. B. Böschenstein/S.Weigel, Suhrkamp, Frankfurt/Main, 1997, p. 29-84.

[2] Albrecht Schöne, *Literatur im audiovisuellen Medium. Sieben Fernsehdrehbücher*, München, 1974, p. 60 ss.

[3] Hans Robert Jauss (éd), *Die nicht mehr schönen Künste. Grenzphänomene des Ästhetischen*, München, Fink, 1968.

performance sonore était au centre des préoccupations d'une grande partie des écrivains : il s'agit de la Première Guerre mondiale et de la période de l'entre-deux-guerres. Ce sont des années où l'Allemagne vit une rupture historique, et ce avant la grande rupture du national-socialisme et sa purge qui rompit le fil des traditions culturelles. Les formes extrêmes d'une performance sonore de la littérature auxquelles ces écrivains ont donné naissance peuvent nous aider à mieux comprendre les enjeux d'un art de la parole et leur rapport au sens.

L'intérêt pour les phénomènes sonores entre les deux guerres

L'intérêt général pour les phénomènes sonores dans la littérature se manifestait dans une grande diversité de formes au début du XXe siècle. En premier lieu il faut rappeler qu'à l'époque la théorie de Saussure sur l'arbitraire du signe, une théorie aujourd'hui impossible à remettre en question, n'était pas encore courante. Cette théorie dévalorise le son puisqu'elle le détache du sens, rendant une représentation directe par le langage impossible. C'est tout le problème de Lord Chandos dans la célèbre « Lettre » de Hugo von Hofmannsthal. Mais malgré ces quelques voix, l'époque croyait en général plutôt aux liens intrinsèques entre son et sens.

Eduard Sievers, éminent germaniste en son temps, consacra toute sa vie à une méthode qui cherchait à trouver, à partir des textes, des indices sur le physique de l'auteur et sur la juste façon de les lire. Il voulait faire une « philologie des oreilles » (« Ohrenphilologie ») concentrée sur la dimension phonétique de la littérature en opposition à une «philologie des yeux » (« Augenphilologie »). C'était une germanistique vouée à la recherche des sources par une « pièce d'identité vocale », comme Roman Jakobson l'appela plus tard[4], et peu concernée par l'interprétation théorique ou philosophique. Il nous semble incongru de prétendre reconstituer la seule lecture à voix haute possible pour un texte dont nous sommes séparés par plusieurs siècles et d'incommensurables différences culturelles. Et pourtant, Sievers a

---

[4] Les formalistes russes et le cercle linguistique de Prague étaient fortement influencés par Sievers.

fondé son école et formé des générations entières de germanistes[5]. N'oublions pas non plus son succès en dehors de l'Université : à plusieurs reprises, il fut sollicité par la police et souvent avec des résultats étonnants. Ainsi a-t-il pu aider à retrouver des criminels en déduisant d'une lettre que ses auteurs étaient un père et son fils boiteux.

Ernst Jünger, de son côté, développa une symbolique des voyelles qui accordait à chaque voyelle une certaine idée, stipulant ainsi l'existence d'un langage purement sonore où le son corrobore la signification du mot et rend possible une communication plus directe, une compréhension sans mots. Le son contient, selon Jünger, un ordre cosmique caché qui peut conduire à la rencontre avec une puissance magique[6].

Ce sont des idées qui rentrent parfaitement dans le moule d'une conception encore répandue en Allemagne au début du XXe siècle, à savoir le lien symbiotique entre son linguistique et sensation, entre musicalité, affect et sens. Il s'agit de toute une tradition allemande de pensée analogique, présente à l'époque aussi chez Ludwig Klages, Walter Benjamin ou Georg Simmel, pour ne nommer que quelques-uns des plus connus.

Ces phénomènes ont évidemment leur raison d'être et il est utile d'en rappeler le contexte historique; après tout, la culture allemande n'a jamais connu une prétendue « année zéro » et ces traditions jettent une lumière aussi sur notre époque d'aujourd'hui.

Nous avons déjà mentionné la Première Guerre mondiale dont on peut difficilement surestimer l'importance pour le XXe siècle, et on ne commence que depuis peu à mesurer l'impact énorme de cet événement sur tout ce qui suivit. Ce traumatisme remet en question la civilisation occidentale et la notion d'humanité : elle confronta les êtres humains à une expérience de la masse qui dut être intégrée à une civilisation individualiste. C'est la prise de conscience d'une dimension au-delà de l'individu. C'est l'expérience d'un choc à

---

[5] Pour une présentation et analyse de l'approche de Sievers, cf : Reinhart Meyer-Kalkus, *Stimme und Sprechkünste im 20. Jahrhundert*, Berlin, Akademie-Verlag, 2001, p. 73-125. Cet article doit beaucoup à ce livre sans indiquer à chaque fois l'inspiration.

[6] A propos de Jünger « Lob der Vokale » (1934), cf. Meyer-Kalkus, p. 194-212.

l'origine de l'expérience esthétique. Et surtout, cette guerre est déjà elle-même l'expression d'une crise de la modernité des Lumières, le cri d'une volonté de sensation forte et directe contre la médiation par la raison.

Voilà la problématique par excellence d'une modernité déchirée entre la raison instrumentale officielle et le désir d'aller au bout de l'individualisme, à savoir la recherche de soi, la concentration sur son ego et ses sensations intérieures. Dans le *Faust* (vers 1936-1939, Schülerszene), Goethe formule très bien ce dilemme de la modernité avec son esprit analytique[7] :

> Wer will was Lebendigs erkennen und beschreiben,
> Sucht erst den Geist heraus zu treiben,
> Dann hat er die Teile in seiner Hand,
> Fehlt leider! nur das geistige Band.

Dans ce contexte, l'apparition de l'art primitif sur la scène artistique européenne n'est pas un hasard : l'époque cherche l'authenticité, le retour aux sources se manifeste partout – nous négligeons souvent l'importance du mouvement de réforme de la vie, particulièrement fort en Allemagne à l'époque et qui exprime cette même volonté.

Et pourtant, malgré une certaine opposition à la rationalité, les arts de la parole doivent principalement aux Lumières leur élaboration au cours du XIXe siècle. L'importance de la lecture dirigeait en même temps l'attention vers la performance vocale de la poésie. Justement parce que les arts de la parole s'adressaient à un public hautement lettré, la diction devenait plus importante, il fallait élaborer la présentation. Et cette culture de diction esthétique fut la condition préalable pour la poésie expérimentale du XXe siècle, par conséquent aussi pour la musicalité des arts de la parole et de la poésie sonore avec son éloignement du texte et de la sémantique.

---

[7] « Qui veut reconnaître et décrire quelque chose de vivant, cherche d'abord à en chasser l'esprit, alors, il en tient dans ses mains les parties, il ne manque, hélas !, que le lien spirituel. » Toutes les traductions sont effectuées par l'auteur, MP.

August Stramm, casser les conventions

Avant de passer à la poésie sonore proprement dite, il faut parler d'un poète d'une grande importance pour la génération qui a vingt ans pendant la guerre de 1914-1918 et dans les années vingt : August Stramm (1874-1915). Stramm cherchait un art originel, une percée dans le vivant grâce à la parole intense. Ses poèmes devaient incarner la sensation et par conséquent détruire les conventions de l'écriture et de la vision du monde. Cette recherche d'une « forme originelle » de la poésie comportait évidemment une dimension mythifiante, archaïsante et primitive, ce qui se reflétait dans la récurrence du préfixe « Ur- ». On y retrouve la théorie de la parole originelle (Urwort-Theorie) de Cassirer[8], selon laquelle celle-ci correspondait directement à un affect ou reproduisait de manière onomatopoétique un son naturel. Lorsque Stramm faisait allusion au langage, il s'agissait le plus souvent de cris ou de bruits qui n'avaient pas atteint le niveau de la langue (« Raunen und Schrei », « Brunstgestöhne / Brunstgeächze / Und / Gekrächze »).

Dans ses poèmes, Stramm casse la langue conventionnelle, il forme des composites étonnants, invente des adjectifs (« klirrig »), nominalise des verbes et des adjectifs (« steinen » / « steilen »), juxtapose des verbes à l'infinitif, nominalise les infinitifs, change les préfixes, et à même recours aux onomatopées (« Hsstn Hsstn »)[9]. Ce genre de technique donne l'impression d'un langage en lambeaux, avec une large place accordée aux pauses, ce qui fait entrer l'indicible dans la diction et dirige l'attention vers l'intériorité.

Sturmangriff

Aus allen Winkeln gellen Fürchte Wollen
Kreisch
Peitscht
Das Leben
Vor

---

[8] Ernst Cassirer, *Philosophie der symbolischen Formen*, Berlin, 1923, mais déjà publiée en 1910 dans *Substanzbegriff und Funktionsbegriff*.

[9] Cf. pour ces techniques l'après-propos de Jeremy Adler dans August Stramm, *Die Dichtungen. Sämtliche Gedichte, Dramen, Prosa*, éd. J. Adler, München, Piper, 1990, p. 327-383.

Sich
Her
Den keuchen Tod
Die Himmel fetzen.
Blinde schlächtert wildum das Entsetzen.

Ce poème[10] est rythmé par un nombre de techniques qui commandent la lecture. La première ligne est fortement marquée par l'allitération en « l » et « en » ; la deuxième ligne, composée d'un seul mot signifiant le bruit d'un cri strident, impose l'isolement, mais, après cette pause, ce mot est quasiment nominalisé par un verbe à la troisième personne du singulier, suivi d'un objet et d'un groupe prépositionnel dans un *staccato* qui accentue chaque mot tout en gardant leur continuité dans une phrase liée. L'assonance entre « Kreisch » et « Peitscht » renforce le lien. Les deux lignes avant la fin sont de nouveaux entourées de pauses, « Den keuchen Tod » comme apposition à « Das Leben », et « Die Himmel fetzen » comme nouvelle phrase. Le point à la fin de cette ligne est la seule ponctuation du poème avant le point final : il marque une pause importante avant la dernière ligne qui constitue ainsi une sorte de somme du poème qui, de nouveau, impose une lecture d'un seul trait. On pourrait parler de « musicalité » dans la diction de ce poème, même si elle est violente. Le fait que l'on hésite à utiliser ce terme à propos de ce poème indique clairement un premier problème: musicalité est toujours assimilée aux notions d'harmonie et de régularité malgré le fait que la musique à partir du XXe siècle n'a le plus souvent rien à voir avec cette harmonie et cette régularité.

Herwarth Walden, figure centrale du cercle autour de sa revue *Der Sturm*, affirmait : « Le matériau de la poésie est le mot. »[11] Dans ce sens Stramm montra la voie en travaillant la parole pour donner à chaque mot la valeur de phrase potentielle. Cette concentration se manifeste souvent aussi dans un agencement intentionné pour aboutir à la fin à un mot isolé et mis en avant. Le poème suivant[12] est la manifestation extrême de cette charge du mot isolé :

---

[10] Stramm, p. 89.
[11] « Das Material der Dichtung ist das Wort. » Herwarth Walden / Peter Silbermann (éd), *Expressionistische Dichtungen vom Weltkrieg bis zur Gegenwart*, Berlin, 1932, p. 8.
[12] Stramm, p. 103 s.

Urtod

Raum
Zeit
Raum
Wegen
Regen
Richten
Raum
Zeit
Raum
Dehnen
Einen
Mehren
Raum
Zeit
Raum
Kehren
Wehren
Recken
Raum
Zeit
Raum
Ringen
Werfen
Würgen
Raum
Zeit
Raum
Fallen
Sinken
Stürzen
Raum
Zeit
Raum
Wirbeln
Raum
Zeit
Raum

Wirren
Raum
Zeit
Raum
Flirren
Raum
Zeit
Raum
Irren
Nichts.

Ce poème est constitué de neuf répétitions des trois noms « Raum / Zeit / Raum » (espace / temps / espace), avec d'abord cinq séries de trois infinitifs intercalés, ensuite quatre fois un seul infinitif, chaque infinitif étant lié au précédent par sa sonorité, avec à la fin un mot qui sort de ce schéma, constituant quasiment une dixième « strophe ». Ce dernier mot apparaît ainsi comme la somme et le point culminant du poème. L'agencement suggère une interprétation, à savoir une évolution dans le temps et l'espace d'une construction, accumulation, maintien, lutte, déclin, pour ensuite arriver à une perte de repères dans l'accélération jusqu'à l'arrivée finale dans le néant – le titre étant en soi très évocateur.

Le poème dans sa stricte composition fait plutôt penser à un morceau de musique qu'à un poème, et cette construction est sans le moindre doute un élément porteur de sens, mais ce sont toujours les mots avec leur dénotation qui conservent leur rôle sémantique. Le mot dans sa sonorité, avec ses assonances et son agencement rythmique, est censé trouver chez Stramm une correspondance magique entre parole et objet, entre mot et monde. La perte de sémantique par la destruction de la syntaxe est contrebalancée par une composition « musicale ».

Selon Rudolf Blümner, Stramm « libérait le mot de sa signification conventionnelle qui n'était plus signification, mais une interprétation convenue, il lui rendait sa véritable signification et le ramenait à sa valeur originelle perdue »[13]. Les formalistes russes ont

[13] Stramm « befreite das Wort von seiner konventionellen Bedeutung, die keine Bedeutung mehr war, sondern eine vereinbarte Ausdeutung, gab ihm seine echte Bedeutung wieder und führte es auf seinen verschollenen Ur-Wert zurück. » Rudolf Blümner, « August Stramm », in : *Der Sturm*, XVI, septembre 1915, p. 123.

exigé de leur côté la « Résurrection du mot », comme le formulait Victor Chklovski, pour sauver les mots morts de leur automatisation qui a fait oublier leur signification originelle pour être substitués par une simple reconnaissance. Une langue à demi intelligible semble plus imagée au lecteur, dit Chklovski, et il plaide pour l'invention de nouvelles formes destinées à casser l'automatisme mort : « Seule la création de formes nouvelles de l'art peut rendre à l'homme la sensation du monde, peut ressusciter les choses et tuer le pessimisme. »[14] Mais cela implique qu'il reste des parties intelligibles, un certain degré du familier reste nécessaire pour pouvoir s'accrocher. Ce principe ne fut plus respecté par les formes extrêmes de la poésie sonore qui suivirent.

Hugo Ball, les débuts mystifiants de la poésie sonore

Pour la poésie sonore, Hugo Ball est le plus souvent cité comme initiateur de ce genre poétique, mais il y eut bien sûr des précurseurs dans l'invention des langages individuels et fantaisistes ; le jeune Stefan George en 1888, Paul Scheerbart en 1897, Else Lasker-Schüler en 1902, Christian Morgenstern en 1905. C'est peut-être néanmoins chez Hugo Ball que ces écrits gagnent un statut particulier puisqu'il leur a donné un cadre théorique. Les célèbres poèmes sonores de Ball – il y en a très peu – ne sont pas encore complètement dépourvus de liens avec la langue allemande. Ball faisait des allusions, des associations étaient intentionnées ; les phonèmes antisémantiques n'avaient donc pas coupé tout lien avec la langue nationale. C'est une évidence dans le poème *Karawane* où le titre donne déjà l'idée qui est poursuivie par le mot « jolifanto » clairement associable à « Elephant ». Il s'agit souvent d'onomatopées, évoquant des éléments suggérés par le titre. Dans le poème suivant aussi[15], nous avons de tels éléments, par exemple « rhinozerossloa » :

Gadji beri bimba

gadji beri bimba glandridi laula lonni cadori
gadjama gramma berida bimbala glandri galassassa laulitalomini

---

[14] Victor Chklovski, *Résurrection du mot*, Editions Gérard Lebovici, 1985, p. 63-74, p. 71.

[15] Hugo Ball, *Gesammelte Gedichte*, Zürich, Arche, 1963, p. 27.

gadji beri bin blassa glassala laula lonni cadorsu sassala bim
gadjama tuffm i zimzalla binban gligla wowolimai bin beri ban
o katalominai rhinozerossola hopsamen laulitalomini hoooo
gadjama rhinozerossloa hopsamen
bluku terullala blaulala loooo

zimzim urullala zimzim urullala zimzim zanzibar zimzalla zam
elifantolim brussala bulomen brussala bulomen tromtata
velo da bang bang affalo purzamai affalo purzamai lengado tor
gadjama bimbalo glandridi glassala zingtata pimpalo ögrödöööö
viola laxato viola zimbrabim viola uli paluji malooo

tuffm im zimbrabim negramai bumbalo negramai bumbalo tuffm i zim
gadjama bimbala oo beri gadjama gaga di gadjama affalo pinx
gaga di bumbalo bumbalo gadjamen
gaga di bling blong
gaga blung

À la lecture du poème, on est soulagé de reconnaître quelques éléments identifiables, par exemple « zanzibar », « elifantolim », « viola », et on peut s'amuser, comme Ball l'a probablement fait, des mots comme « gaga », tellement approprié ici, ou « zimzalla zam » lorsque « bim » n'est pas loin. Les répétitions de certains mots aident aussi à maintenir l'attention, mais cette dernière est mise à rude épreuve. À moins que la mise en scène et la présentation orale occupent le terrain délaissé par la sémantique. Ball l'avait lui-même ressenti quand il avait décrit la première représentation, au Cabaret Voltaire à Zurich le 23 juin 1916, de ce « nouveau genre de vers », des « vers sans paroles » ou « poèmes sonores ». Il s'était construit un costume dans lequel ses jambes étaient cachées dans une colonne en carton bleu brillant, et il portait au-dessus un col énorme, scarlatine à l'intérieur, or à l'extérieur, qu'il pouvait actionner aves ses bras comme des ailes. Sur sa tête, il portait un grand chapeau cylindrique que Ball avait désigné être un « chapeau de chamane ». Dans ce costume, il déclamait des poèmes étalés sur trois pupitres. Au cours de sa lecture, Ball se rendit compte que ses moyens d'expression étaient inadaptés à la pompe de sa mise en scène. Il expliqua comment il s'en sortit :

> Les lourdes suites de voyelles et le rythme traînant des éléphants venaient de me permettre une dernière augmentation. Mais comment la mener à terme ? Voilà que je m'aperçus que ma voix, n'ayant plus d'autre chemin, s'assimilait à la cadence très ancienne de la lamentation des prêtres, ce style de chant de messe plaintif qui remplit les églises catholiques de l'Orient et de l'Occident. Je ne sais ce qui m'a inspiré cette musique.[16]

Cette façon récitative au style ecclésial l'impressionna lui-même : elle lui rappelait l'expérience mystique de la messe catholique de son enfance. Finalement, la lumière s'éteignit et il fut descendu « comme un évêque magique ».

Ball voyait très clairement qu'il devait compenser la faiblesse sémantique par la musicalité : il désignait ce qu'il faisait comme « musique » et « chant ». Il demanda même à un ami musicien de noter sa « musique » dans le système musical : « Car j'ai fait à Zurich ma propre musique (musique de nègres et danses dada). Je voulais te demander de le noter selon mon esquisse dans le juste système. »[17]

Pour lui, il était clair qu'il existait un lien avec la magie et la mystique. Déjà dans son introduction programmatique à la lecture de ses vers sans paroles, il avait déclaré qu'il renonçait à la langue « gâchée par le journalisme » pour se retirer dans « l'alchimie intérieure de la parole » afin de conserver « le dernier ressort sacré » de la poésie[18]. Son livre *Die Flucht aus der Zeit* (Fuyant le temps / La

---

[16] « Die schweren Vokalreihen und der schleppende Rhythmus der Elefanten hatten mir eben noch eine letzte Steigerung erlaubt. Wie sollte ich's aber zu Ende führen? Da bemerkte ich, daß meine Stimme, der kein anderer Weg mehr blieb, die uralte Kadenz der priesterlichen Lamentation annahm, jenen Stil des Meßgesangs, wie er durch die katholischen Kirchen des Morgen- und Abendlandes wehklagt. Ich weiß nicht, was mir diese Musik eingab. » Hugo Ball, *Die Flucht aus der Zeit*, Zürich, Limmat Verlag, 1992, p. 106-7.

[17] « Ich habe nämlich in Zürich eigene Musik gemacht (Negermusik und Dadatänze). Ich wollte Dich bitten, das nach meinem Entwurf im richtigen System aufzuschreiben. » Dans une lettre du 7 octobre 1916 à August Hoffmann, in : Emmy Ball-Hennings : *Hugo Ball. Sein Leben in Briefen und Gedichten*, Frankfurt am Main, Suhrkamp, 1991 (1929), p. 29.

[18] Ball, *Die Flucht aus der Zeit*, p. 107.

fuite hors du temps) doit être lu avec une certaine prudence, car Ball l'avait publié après sa conversion au catholicisme et il n'est pas exclu qu'il ait manipulé son journal après-coup pour introduire plus de cohérence. Quoi qu'il en soit, l'évolution *est* cohérente, car il place ses réflexions sous le signe de la résistance contre une société utilitariste (p. 11), d'une lutte de la spiritualité contre le matérialisme. Le titre est parlant, Ball fuit son temps, comme il fuit le temps pour chercher la présence et l'éternité, le *hic et nunc*. Il semble que Ball établisse un lien entre subjectivité et sonorité, que le côté sonore du langage relève de la subjectivité et de la spiritualité de l'énoncé. Le 2 mars 1916, il note :

> La récitation à voix haute est pour moi une mise à l'épreuve de la qualité d'un poème, et j'ai appris (par la scène) dans quelle mesure la littérature contemporaine est problématique, c'est-à-dire intellectuellement construite au bureau et conçue pour les lunettes du collectionneur plutôt que pour les oreilles des être humains vivants.[19]

Nous retrouvons ici l' idée d'une littérature pour les oreilles plutôt que pour les yeux qui rejoint la *Ohrenphilologie* (philologie des oreilles) du germaniste Sievers. C'est la dimension phonétique, la sonorité, qui est décisive dans la littérature. La voix humaine représente pour Ball l'âme et l'individualité (p. 87). Ball voulait charger les mots de force et d'énergie magique, le mot isolé était censé contenir « la plénitude de l'invocation » (p. 102). Ainsi peut-on atteindre le tréfonds de la vie, l'inconscient, et même l'inconscient collectif dans le sens de C.G. Jung : Ball affirme que « deux tiers des paroles merveilleusement plaintives, auxquelles aucune âme humaine ne peut résister, proviennent de très anciens textes magiques » (p. 100).

Cela caractérise selon Ball sa façon d'écrire. Il cherche à découvrir des strates originelles, complètement couvertes et refoulées par notre époque (p. 110) : c'est une recherche des profondeurs pour ouvrir d'autres dimensions de la vie, de la pensée et de la sensation. Ball

---

[19] Ball, *Die Flucht aus der Zeit,* p. 83: « Das laute Rezitieren ist mir zum Prüfstein der Güte eines Gedichts geworden, und ich habe mich (vom Podium) belehren lassen, in welchem Ausmaße die heutige Literatur problematisch, das heißt am Schreibtische erklügelt und für die Brille des Sammlers, statt für die Ohren lebendiger Menschen gefertigt ist. »

emploie le terme « Triebmusik » (p. 117), « la musique des impulsions » ; la musicalité qui l'a emporté dans sa lecture des poèmes sonores, serait alors en contact avec les impulsions, les couches inconscientes de notre être. Il cherche désespérément à trouver une possibilité pour un individualisme dans son époque et croit la trouver dans la magie : « La poésie est le dernier réfuge de l'affirmation individuelle de soi, peut-être même de l'individualisme en général. »[20]

En résumant son expérience Dada, Ball écrit : « J'ai appris à comprendre les symptômes de dissolution et leur origine ; j'ai compris que le monde entier, partout en train de se pulvériser dans le néant, criait vers la magie en tant que complément ; criait vers la parole comme sceau et dernier noyau de la vie. »[21] (p. 270) Il n'est guère étonnant de retrouver dans la description par Ball d'une fête gnostique des mystères les mêmes formes que dans ses séances dada[22] :

> Des laternes et des lumières dans une symétrie lumineuse ; un mélange primitif de bruits d'animaux et d'enfants; une musique qui vibre dans des cadences depuis longtemps perdues: tout ceci ébranle l'âme et lui rappelle son pays natal originel. Une nostalgie vers tous les débuts se saisit de l'esprit, le plonge dans des paradis depuis longtemps oubliés du monde supérieur et antérieur. Des figures étrangement masquées portent des insignes et symboles astraux, tournent en rond, et font magiquement apparaître dans leur mouvements la douce représentation de la sphère astrale au milieu d'un espace terrestre.

---

[20] Ball, *Die Flucht aus der Zeit,* p. 140 : « Die Magie ist die letzte Zuflucht der individuellen Selbstbehauptung, vielleicht des Individualismus überhaupt. »

[21] Ball, *Die Flucht aus der Zeit,* p. « Ich lernte die Auflösungssymptome und ihre Herkunft verstehen, ich begriff, daß die ganze, ringsum ins Nichts zerstäubende Welt als Ergänzung nach der Magie schrie; nach dem Wort als einem Siegel und letzten Kernpunkt des Lebens. »

[22] « Laternen und Lichter in leuchtender Symmetrie ; ein primitives Gemisch von Tier- und Kinderlauten; eine Musik, die in längst verschollenen Kadenzen schwingt: all dies erschüttert die Seele und erinnert sie an ihre Urheimat. Eine Sehnsucht zurück zu allen Anfängen erfaßt den Geist, taucht ihn in längst vergessene Paradiese der Über- und Vorwelt. Seltsam maskierte Gestalten tragen astrale Abzeichen und Symbole, drehen sich im Kreise, zaubern in ihren Bewegungen das milde Abbild der Sternensphäre mitten in einen irdischen Raum. » Hugo Ball, *Byzantinisches Christentum. Drei Heiligenleben*, Frankfurt am Main, Insel, 1979, p. 131.

La poésie sonore et sa musicalité sont pour Ball, son inventeur, le déclencheur et l'expression d'une quête mystique, une aspiration vers l'origine pour rompre avec le matérialisme et l'utilitarisme de son époque et pour retrouver une dimension magique et intense, une vitalité de la vie. Ce n'est d'ailleurs pas un hasard que les années vingt se soient penchés sur le vieux phénomène de la glossolalie dans une illumination religieuse[23].

Raoul Hausmann, la « visualisation » dans les poèmes optophonétiques

Ernst Jandl disait à propos des poèmes sonores de Ball qu'il ne faut pas les concevoir comme un éloignement de ce que nous comprenons comme langue, à savoir un moyen de communication, mais plutôt comme l'imitation de la langue[24]. De cette langue, il n'en reste plus rien chez Raoul Hausmann (1886-1971), certainement le poète le plus extrême de la poésie sonore. Hausmann construisait des poèmes en suivant le pur hasard : il allait chez un imprimeur et prenait, prétendument sans choisir, des lettres de la boîte du typographe pour en faire des poèmes « optophonétiques ». Cette idée des poèmes lettristes lui est venue en 1918 :

> Des grandes lettres visibles, donc des poèmes lettristes, oui plus encore, je me disais même optophonétiques ! Des tailles différentes pour des significations différentes ! Des consonnes et des voyelles, cela croasse et iodle très bien ! Evidemment, ces poèmes lettristes devaient être chantés ![25]

---

[23] Cf. Meyer-Kalkus, p. 292.

[24] Cité in Karl Riha, *Da Dada da war ist Dada da. Aufsätze und Dokumente*, München, Hanser, 1980, p. 212.

[25] « Große sichtbare Lettern, also lettristische Gedichte, ja noch mehr, ich sagte mir gleich optophonetisch ! Verschiedene Größen zu verschiedener Bedeutung! Konsonanten und Vokale, das krächzt und jodelt sehr gut! Natürlich, diese Buchstabengedichte mußten gesungen werden! » Raoul Hausmann, « Zur Geschichte des Lautgedichts! », in: *Am Anfang war Dada*, Steinbach/Gießen, Anabas Verlag, 1972, p. 35-47, p. 43.

C'est la destruction maximale de la langue, il n'y a plus aucune organisation ou agencement planifié. La musicalité que Hausmann réclame s'impose, mais elle n'a rien à voir avec le texte et n'existe que dans la présentation. Nous sommes ici face à une indétermination de sens : il s'agit d'une protestation contre les conventions et contre le sens, une expérimentation, un plaisir de la nouveauté, et cela était le début d'une évolution que la poésie sonore parcourait depuis la Seconde Guerre mondiale : celle du visuel dans la poésie concrète. Le sens est par conséquent absent ou du moins complètement détaché de toute convention.

Rudolf Blümner, l'exigence artistique de la présentation orale

Rudolf Blümner (1873-1945) avait une approche beaucoup moins humoristique, il refusait l'étiquette Dada puisque sa poésie ne se voulait pas arbitraire, mais au contraire réclamait une construction organique[26] :

> Pour le lecteur artistique, mes intentions seront aussi perceptibles que l'effet. Il reconnaîtra non seulement les liens profonds entre tous les bruits et les constructions verbales, mais il se formera aussi une idée vivante à partir des bruits et sons employés, des syllabes et suites de mots qui en résultent. Il se rendra même compte d'une certaine évolution et élaboration.

Essayons :

> Ango Laïna
> Eine absolute Dichtung
>
> Erste Stimme

[26] «Dem künstlerischen Leser werden meine Absichten so wenig entgehen wie die Wirkung. Er wird nicht nur die tieferen Zusammenhänge aller Laute und Wortbildungen erkennen, sondern auch aus den verwendeten Geräuschen und Lauten, den daraus gebildeten Silben und Wortfolgen sich eine lebendige Vorstellung bilden. Er wird sogar manches von einer thematischen Entwicklung und Durcharbeitung gewahren. » Rudolf Blümner, in: *Der Sturm*, 12. Jg, Juli 1921, p. 121 s.

Zweite Stimme

Oiaí laéla oía ssísialu
Ensúdio trésa súdio míschnumi
Ia lon stuáz
Brorr schjatt
Oiazú tsuígulu
Ua sésa masuó tülü
Ua sésa maschiató toró
Oi séngu gádse ańdola
Oi ándo séngu
Séngu ándola
Oi séngu
Gádse
Ina
Leíola
Kbaó
Sagór
Kadó

Kadó maí tiúsi
Suíjo ańgola

Schu mai sitá ka lío séngo

Schu mai sitá ka lío séngo

Ia péndo ála
Péndu sí

Toró toró
Mengádse gádse se

Il s'agit à peu près du premier huitième du poème de l'année 1921[27]. Si vous n'avez pas tout compris, c'est sans doute dû à la faible présentation. Blümner lui-même était célèbre pour ses qualités de récitateur, qui lui valaient la réputation de créateur de l'art de la diction

[27] Rudolf Blümner, *Ango laïna und andere Texte*, éd. Karl Riha / Marcel Beyer, München, edition text+kritik, 1993, p. 82.

orale expressionniste. Il n'existe pas d'enregistrements de ses lectures, mais il faut savoir que Blümner marquait systématiquement les accents dans ses écrits, et il marquait une ligne mélodique extrême avec des pointes symboliques. La récitation, l'art de la parole, était pour lui un art véritable. Selon lui, des paroles ne peuvent être de l'art que si leur mélodie, même sans le sens des mots, est de l'art. Et si Blümner n'admettait pas de jugement à partir de la version écrite de ses poèmes[28], il refusait aussi une mise en parallèle de son art de la parole avec la musique, pensant que la musique étant contrainte dans le registre de la gamme chromatique, la parole artistique serait beaucoup plus riche en nuances et empêcherait ainsi un système de fixation systématique, contiendrait une infinité de différences, toucherait plus profondément l'inconscient et serait à chaque fois unique. C'est évidemment une idée assez rigide de la musique qui ne se laisse pas réduire à la gamme tempérée (temperierte Tonleiter). Mais on remarque l'effort pour maintenir une dimension de sens profond dans le langage phonétique.

Blümner était convaincu que sa poésie sonore, qu'il appelait « poésie absolue », était beaucoup plus artistique que la poésie traditionnelle à laquelle il refusait le statut d'art. En tant que membre du cercle qui gravitait autour de *Der Sturm*, Blümner se réclamait explicitement de l'œuvre de Stramm : « C'est seulement depuis August Stramm que nous avons une poésie en tant qu'art pur des mots. »[29] Auparavant, toute poésie n'était que langue, puisque le sentiment qu'elle exprimait, n'était pas exprimé par les moyens artistiques, mais exclusivement par la langue humaine elle-même[30]. C'est une argumentation étonnante, bien sûr, puisque les sons dans la musique, ou les formes et les couleurs dans la peinture, ne seraient alors pas non plus de l'art.

Ce que Blümner voulait mettre en avant, c'était la nécessité de la composition dans le langage : « Poésie est composition avec des mots. Elle peut être en accord avec la logique et la grammaire, mais elle n'y est pas obligée. Ce qui est nécessaire, ce sont seulement les liens

---

[28] Cf. Meyer-Kalkus, p. 267 ss.

[29] «Eine Dichtung als reine Wortkunst haben wir erst seit August Stramm. » Rudolf Blümner, « Der Geist des Kubismus und die Künste » (1921), in: *Ango laïna und andere Texte*, éd. Karl Riha / Marcel Beyer, München, edition text+kritik, 1993, p. 257.

[30] Blümner, p. 257.

artistiques, créant les rythmes. » Le rythme est le critère essentiel de l'art: « C'est seulement le rythme qui fait que la mélodie de la parole devient art. »[31] Le seul problème est que Blümner ne peut clairement expliquer ce que c'est[32] :

> Comment reconnaîtront-nous donc le rythme? *C'est ce que personne ne peut dire.* Nous ne pouvons que *vivre* le rythme, jamais nous ne pouvons l'expliquer. [...] Et aucun être humain ne peut en dire plus que ceci : des formes entrent en rapport les unes avec les autres. Lorsque je sens par ces rapports mon cœur battre plus intensément, mon sang chauffé, alors se trouve dans ce rapport mouvement, rythme, vie. Aucun être humain ne sait en dire plus. L'origine reste mystique. Et la possibilité des phénomènes créant le rythme, est infinie.

Nous nous trouvons de nouveau face à une explication mystique, du souffle inexplicable de la vie. En écoutant la poésie de Blümner, le public a sans doute aussi quelques associations, mais cela ne fait pas partie de la conception du poème, car celui-ci est censé agir exclusivement à travers sa composition, son rythme et sa sonorité, et non par référence à la langue. Le sens réclamé renvoie ici aussi à un sens originel des mots, qui pour Blümner n'a pas de dimension extérieure à la langue ; il ne renvoie à aucune réalité en dehors, mais se constitue par les liens sonores[33]. Ainsi, ce sens originel n'est pas encore fixé, mais maintient le potentiel d'une multiplicité de sens, un sens en puissance pour ainsi dire.

---

[31] « Dichtung ist Wort-Komposition. Sie kann mit Logik und Grammatik in Einklang stehen, aber sie muß es nicht. Notwendig sind nur die Rhythmen schaffenden, künstlerischen Beziehungen. » p. 259 ; « Erst der Rhythmus macht die Sprechmelodie zur Kunst. » p. 263.

[32] « Woran erkennen wir also den Rhythmus ? *Das kann niemand sagen.* Den Rhythmus können wir nur *erleben*, nie können wir ihn erklären. [...] Und mehr kann kein Mensch sagen, also dieses: Formen treten zueinander in Beziehungen. Fühle ich durch diese Beziehungen mein Herz schneller schlagen, mein Blut erwärmt, dann ist in der Beziehung Bewegung, Rhythmus, Leben. Mehr kann kein Mensch sagen. Der Ursprung bleibt mystisch. Und die Möglichkeit der Rhythmus schaffenden Erscheinungsformen ist unendlich. » p. 246 s.

[33] Cf. Meyer-Kalkus, p. 273.

Kurt Schwitters, la « musicalisation » et le ludique

Dans l'*Ursonate* de Kurt Schwitters (1887-1948), ce mouvement trouve son point culminant et son tournant. Cette *sonate en sons primitifs*[34] a une composition et une dimension uniques, et il faut compter une bonne quarantaine de minutes pour la « réciter ». La première trace écrite date de 1923. Si, en 1925, elle était terminée dans ses traits principaux, il fallait attendre jusqu'en 1931 pour sa réalisation typographique : après beaucoup de propositions typographiques de Schwitters, Jan Tschichold l'a finalement mise en oeuvre. A chaque représentation, elle variait un peu, bien sûr, Schwitters l'avait inventée par cœur (« auswendig gedichtet »). Il était inspiré par Stramm, par les collaborateurs de la revue *Der Sturm*, et surtout par un poème optophonétique de Hausmann qui l'avait profondément marqué en 1921. Ce poème optophonétique commençait par « fmsbwtäzäu », Schwitters le transforma en « Fümms bö wö tää zää Uu » [35].

Raoul Hausmann fut choqué par cette transformation de son bout de poème optophonétique en musique assorti en plus d'éléments de langue nationale : cela lui semblait être « un blasphème », « à l'extrême opposé de l'essence de la signification phonétique des lettres que j'avais choisies »[36].

L'*Ursonate* est construite comme une sonate classique et Schwitters en parle avec une terminologie musicale, il dit qu'elle était[37] :

---

[34] Kurt Schwitters, *Das literarische Werk*, tome 1, *Lyrik*, éd. Friedhelm Lach, Köln, Dumont Buchverlag, 1988, p. 214-242.

[35] *Kurt Schwitters mit Selbstzeugnissen und Bilddokumenten*, dargestellt von Ernst Nündel, Reinbek bei Hamburg, Rowohlt's monographien, 1999 (1981), p. 82 s.

[36] « völlig entgegengesetzt dem Wesen der phonetischen Bedeutung der Buchstaben, die ich gewählt hatte ». Karl Riha, *Da Dada da war ist Dada da. Aufsätze und Dokumente*, München, Hanser, 1980, p. 203 s.

[37] « bewußt nach Analogie eines Musikstücks aufgebaut und in ihrer Melodik und Rhythmik durchgeführt war. Sie bewegt sich in einem Zwischenbereich zwischen gesprochenem Gedicht und gesungener Musik, kühn in der konsequenten Anwendung reiner phonetischer Mittel, traditionell in der Durchgliederung als Sonate. » cité in : Werner Schmalenbach, *Kurt Schwitters*, 2. Auflage, München, 1984, p. 224.

> délibérément construite analogiquement à une pièce de musique et réalisée selon celle-ci dans sa mélodique et son rythme. Elle se trouve dans un entre-deux, entre poème parlé et musique chantée, audacieuse dans l'application conséquente des moyens phonétiques purs, traditionelle dans son agencement comme sonate.

Toute sa vie durant, Schwitters fut un passionné de musique : après plusieurs tentatives pour devenir pianiste, il collabora avec des musiciens et s'occupa souvent de la théorie de la musique[38]. Il parlait lui-même de cette passion et commentait : « La composition avec des notes m'est jusqu'au jour d'aujourd'hui encore énigmatique, peut-être qu'un jour, tout d'un coup je saurai faire cela. »[39] Malgré ces affirmations, il serait erroné de considérer l'*Ursonate* comme produit – forcément échoué – de cet amour malheureux pour la musique, car Schwitters la désignait comme « poésie purement abstraite (rein abstrakte Dichtung) »[40], et la langue y est bien présente, surtout de manière humoristique. Le poème se termine par quatre fois l'alphabet inversé, il imite le chant des oiseaux, et Schwitters note quelques exemples des mots employés[41] :

> Le <De des nn nn rrrr> est né du mot DRESDEN. […] Le <rakete> n'est bien sûr rien d'autre que le mot Rakete. Le <PRA> dans la deuxième partie est une inversion délibérée du nom <arp>. […] Toutes les autres assonances sont librement inventées, en partie inconsciemment inspirées par des inscriptions abrégées sur des plaquettes d'entreprise ou venant des imprimés,

[38] « Das Komponieren mit Noten ist mir bis heute noch ein Rätsel, vielleicht kann ich es eines Tages plötzlich. » Nündel, p. 84.
[39] Schwitters, in : MERZ, Nr. 20/1927, p. 103.
[40] Nündel, p. 85.
[41] « Das <De des nn nn rrrr> […] ist aus dem Wort DRESDEN entstanden. […] Das <rakete> ist selbstverständlich nichts anderes, als das Wort Rakete. Im zweiten Teil ist das <PRA> eine bewußte Umkehrung des Namens <arp>. […] Alle anderen Lautverbindungen sind frei erfunden, teilweise unbewußt angeregt durch abgekürzte Aufschriften auf Firmenschildern oder aus Drucksachen, besonders aber durch die interessanten Aufschriften auf Eisenbahnstellwerkhäusern, die immer so interessant wirken, weil man den Sinn nicht versteht. » Kurt Schwitters, « Meine Sonate in Urlauten » (1927), in: *Das literarische Werk*, tome 5, *Manifeste und kritische Prosa*, éd. Friedhelm Lach, Köln, Dumont Buchverlag, 1988, p. 288-292.

> mais surtout par des inscriptions intéressantes sur des boîtes à côté du chemin de fer, qui sont toujours tellement intéressantes puisqu'on ne comprend pas le sens.

Cette dernière remarque est très significative puisqu'elle laisse comprendre ce qui motive Schwitters : ne pas comprendre le sens est intéressant puisque cela permet d'en donner un soi-même. Les écrits sur les boîtes de chemin de fer sont incompréhensibles pour un non-initié, mais on sait qu'ils ont une signification. On peut alors deviner, jouer, inventer, en partant des associations. Schwitters étant très joueur, il voulait ainsi accroître au maximum la place de jeu dans la fabrication de sens. Cela se situait après tout, en dehors de toute dimension purement amusante, dans le langage. Au-delà du ludique, il existe toujours une foi mystique dans le langage, la croyance en un sens qui se fait en se donnant aux formes et sons.

Signe contre sens ?

Nous avons donc en général dans les arts de la parole un élément visant à faire oublier l'arbitraire du signe ; la signification résiderait dans la forme même, indépendamment de la sémantique convenue. On pourrait citer Nietzsche qui disait[42] :

> Ce qui est le plus compréhensible dans la langue, ce n'est pas le mot même, mais le ton, la force, la modulation, le tempo, avec lesquels est prononcée une suite de mots – bref la musique derrière les mots, la passion derrière cette musique, la personne derrière cette passion : donc tout ce qui ne peut pas être écrit. C'est pour cela que l'écriture ne va pas loin.

Nos écrivains tentaient quand même d'écrire cette impossibilité, respectivement de présenter leurs écrits dans une forme convenable à cette exigence de montrer la personne derrière. L'idée est de rendre

---

[42] «Das Verständlichste an der Sprache ist nicht das Wort selber, sondern Ton, Stärke, Modulation, Tempo, mit denen eine Reihe von Worten gesprochen werden – kurz die Musik hinter den Worten, die Leidenschaft hinter dieser Musik, die Person hinter dieser Leidenschaft: alles das also, was nicht geschrieben werden kann. Deshalb ist es nichts mit der Schriftstellerei. » Friedrich Nietzsche : *Sämtliche Werke*, Kritische Studienausgabe, éd. Colli / Montinari, tome 10, München, 1980, p. 89.

perceptible ce qui ne l'est pas dans le signe. Stramm visait le tréfonds dans la redécouverte d'un langage originel, Ball ciblait la mystique, tandis que Hausmann expérimentait pour casser les conventions. Blümner mettait l'accent sur la modulation de la voix et son rôle dans le sens, et Schwitters s'amusait à proposer des jeux de sens. Ils ont tous tenté une résurrection de la parole ; la visée vers l'origine et le mystique, tout comme la performance en tant que corporéité du langage, sont l'expression d'une volonté de vivacité, d'un lien entre corps et esprit, contre la fonctionnalité pure de la société moderne dans le sillage d'un rationalisme abstrait.

Karl Bühler dans sa critique de l'onomatopée a sans doute raison en disant : « Cela ne fait pas de doute: celui qui écarte la langue peut faire des onomatopées à son aise; la question est seulement de savoir si et comment on peut le faire à l'intérieur de la langue. »[43] Il faut probablement rester dans un lien référentiel à la langue au sens des formalistes russes : casser les automatismes en introduisant des nouveautés, mais en même temps ne pas perdre le contact avec un système de références. La volonté de représenter l'absolu sans aucun lien avec le monde concret, risque de vider le langage abstrait[44]. Le geste de ces formes extrêmes ne se laisse pas répéter constamment, il a ouvert la voie à une plus grande liberté et il a ouvert un champ créatif. Mais à la longue, il ne peut pas être un objectif, il doit s'expliquer à partir de la situation historique. Néanmoins, cette poésie sonore de l'époque a mis en avant la dimension phonétique du langage, contre toute réduction du sens au signe, et avec tout ce que cela comporte : le corps, le mystique, l'ouverture d'un espace pour l'invention de sens. Devrait-on appeler cette dimension « musicalité » ? Il s'agit certainement de « mousikè » dans le sens grec du terme, lorsqu'il désignait tous les arts représentatifs rassemblant rythme, son et mouvement.

---

[43] « Kein Zweifel : wer die Sprache beiseite schiebt, kann lautmalen nach Herzenslust ; die Frage ist einzig und allein, ob und wie man es innerhalb der Sprache zu tun vermag. » Karl Bühler, « Die lautmalende Sprache », in: *Sprachtheorie : die Darstellungsfunktion der Sprache*, Jena, G. Fischer, 1934, p. 195-216, p. 196.

[44] Cf. la conclusion de l'essai de Christoph Hering, « Die Botchaft des Schweigens. Über die Steigerung der Ausdrucksgebärden im Verstummen der Sprache », in: *August Stramm. Kritische Essays und unveröffentlichtes Quellenmaterial aus dem Nachlaß des Dichters*, éd. J.D. Adler / J.J. White, Berlin, Erich Schmidt Verlag, 1979, p. 14-30, p. 30.

Le rythme comme sens

Blümner affirmait qu'il est impossible de définir le rythme. Herwarth Walden, éditeur de *Der Sturm*, postulait : « Le matériau de la poésie est le mot. La forme de la poésie est le rythme »[45]. Et le rythme était pour lui la vie du visible et de l'invisible ; grâce au rythme, le langage devient vivant puisqu'en mouvement, lorsque les mots entrent en rapport les uns avec les autres.

Émile Benveniste a montré qu'au début, « rythme » ne signifiait nullement la mesure dans le sens d'un va-et-vient régulier, mais désignait au contraire « la forme dans l'instant qu'elle est assumée par ce qui est mouvant, mobile, fluide, la forme de ce qui n'a pas de consistance organique [...] C'est la forme improvisée, momentanée, modifiable. » Littéralement « manière particulière de fluer », *rythmos* décrit « des <dispositions> ou des <configurations> sans fixité ni nécessité naturelle et résultant d'un arrangement toujours sujet à changer. »[46] Cette idée appliquée à la poésie semble être déjà centrale pour le cercle autour de *Der Sturm*, lorsque Walden cite Arno Holz : « Je cassais la métrique et mettais à sa place son exact opposé diamétral. A savoir la rythmique. C'est-à-dire : la plus compliquée nécessité permanente qui naît constamment des choses »[47].

Henri Meschonnic, qui a développé toute une théorie autour de cette notion de rythme, le définit de la manière suivante : « Le rythme est une organisation ou configuration du sujet dans son discours »[48]. Or même si le rythme est le caractère commun entre poésie et musique, Meschonnic se défend contre ce rapprochement entre les deux : « toute comparaison de la poésie avec la musique, du rythme dans la poésie

---

[45] « Das Material der Dichtung ist das Wort. Die Form der Dichtung ist der Rhythmus. » Herwarth Walden, « Das Begriffliche in der Dichtung », in : *Expressionismus. Die Kunstwende*, éd. H. Walden, Berlin, 1918, p. 30-38, p. 30.

[46] Emile Benveniste, « La notion de <rythme> dans son expression linguistique », in : *Problèmes de linguistique générale*, tome 1, Paris, Gallimard, p. 327-335, p. 333.

[47] « Die Metrik zerbrach ich und setzte dafür ihr genaues diametrales Gegenteil. Nämlich Rhythmik. Das heißt : permanente, sich immer wieder aus den Dingen gebärende, komplizierteste Notwendigkeit », cité par Herwarth Walden, « Arno Holz », in : *Der Sturm*, IV, Mai 1913, Nr. 160/61, p. 26.

[48] Henri Meschonnic, *Critique du rythme. Anthropologie historique du langage*, Lagrasse, Verdier, 1982, p. 71.

avec le rythme dans la musique, est à contre-langage, à contre-poésie. »[49] Et cela justement, parce que le sens est négligé.

Le problème est que musique et poésie partagent la même terminologie, mais que tous les termes signifient autre chose selon les deux domaines : harmonie, mélodie, mesure, phrase, cadence, orchestration, instrumentalisation, langage - tout cela n'a pas le même sens en poésie ou en musique. En musique, le rythme est métrique, et c'est pour cette raison que Meschonnic constate : « Musiquer la poésie, c'est signer le signe »[50]. Utiliser cette terminologie ambivalente nuit, selon Meschonnic, à la précision et à l'historicité avec lesquelles on peut penser la poésie. L'emploi de ce terme est par conséquent mauvais pour la poésie, même si c'est un amour de la poésie qui s'exprime ainsi.

En général, parler de la musicalité de la poésie est un pis-aller. On veut exprimer soit l'harmonie, soit un certain je-ne-sais-quoi, un surplus de signification dépassant la simple communication d'un « contenu » descriptible, compréhensible. Mais c'est une vision de la compréhension et du sens bien simple selon Meschonnic :

> Cette mise en question du comprendre n'est un irrationalisme que pour le rationalisme du signe, pour qui tout ce qui le déborde est irrationnel – l'intonation, le corps, la voix, la vie. Vu du poème, le langage ne cesse de déborder le signe, et sa notion de sens. Dire « musique de la poésie », c'est désigner ce débordement en demeurant dans le signe.[51]

Que faire pour en sortir ? La poétique, c'est-à-dire la pratique et la pensée du poème est une possibilité. Ainsi peut-on changer les notions du langage, donc la pensée du langage, donc la perception des choses. La métaphore musicale montre bien qu'il y a quelque chose qui échappe au modèle du signe, mais elle le renforce en même temps en assurant sa survie. Elle reste dans le dualisme du signe, ce qui empêche de penser la poésie. Cette métaphore est en plus tautologique, car c'est

---

[49] Meschonnic, CR, p. 128.
[50] Henri Meschonnic, *La Rime et la vie*, Lagrasse, Verdier, 1989, p. 199.
[51] Meschonnic, RV, p. 203.

déjà la poésie qui prouve l'insuffisance du signe. Il faudrait donc trouver d'autres concepts pour parler de la poésie. Il faudrait aussi avoir une idée plus large du sens ; tout ce qui est dans le langage, touche au sens, est un jeu de sens. Cela passe par la rime et la métrique, mais aussi par chaque consonne, par chaque voyelle, par toute la matérialité vue et entendue des mots – tout cela fait partie du sens. Et l'ensemble organise le sens. Meschonnic écrit à cet égard :

> L'effet étant dans cette organisation, non dans aucun des termes séparément. Le rythme est cette organisation qui fait du sens. Passant par la prosodie. Et, dans le parlé, par le corps. Corps social autant qu'individuel, historique autant que biologique.[52]

Et il précise aussi que cette organisation est constamment active dans le langage, tout langage. Par conséquent, c'est la logique du signe qui s'écarte du langage ordinaire, pas la poésie. Dans ce sens, la poésie est réaliste, tandis que les discours qui se veulent objectifs, à savoir ceux de la technique, de la science, du dictionnaire, ne le sont pas.

Au lieu d'employer le terme de musicalité en poésie, on devrait donc parler de rythme, tout en le distinguant clairement du mètre. Musique et poésie sont toutes les deux caractérisées par le rythme, et en plus, elles ont le son en commun. Et à travers le son, surtout dans la voix, elles font appel au corps et à l'inconscient, ce qui ouvre une dimension qui dépasse le signe vers une transcendance. Le terme de musicalité ne rajoute rien à la poésie, au contraire, il suggère qu'il existerait une telle dimension dépassant le langage qui ne serait pas partie intégrante de la poésie. Or, l'essence de la poésie consiste justement à dépasser une certaine idée réductrice du langage, à savoir la conception d'une communication d'un contenu par des mots qui en sont le signe. Cette obscure « musicalité » du langage est donc la poésie, loin de toute poétisation : elle comporte le corps du langage et fait ainsi sens avec les sens, et non avec les signes. Il existe certes des différences en poésie : dans certains poèmes le rythme est moins constitutif que dans d'autres, ils sont donc plus ou moins poétiques, voilà tout.

---

[52] Meschonnic, RV, p. 211 s.

La poésie sonore, entre les deux guerres, a œuvré dans cette direction d'une conception plus large du sens. Les poètes évoqués ont sans doute exagéré en s'écartant trop du langage, perdant ainsi le contact avec l'historicité, avec l'expérience concrète du monde, mais le geste reste valable. Et comme toute forme radicale, la poésie sonore fait ressortir les traits principaux du fonctionnement du langage, par ce qu'elle accomplit et par ce qu'elle n'accomplit pas.

Ce serait une erreur de se croire immunisé contre la démagogie en ignorant ou en refoulant la dimension sonore du langage pour s'assurer d'une sobriété rationnelle et critique. Comme toute amputation de sens nuit à la raison, la négligence du sonore nuit au langage, donc au sens. Nous fonctionnons de toute façon dans le langage dans toute son ampleur, mieux vaut s'en rendre compte. Penser le poétique le permet.

« EX IUSSU ! EX VISU ! »[1]
Réflexions sur l'oralité et la scripturalité dans la poétique de Thomas Kling

Laurent Cassagnau

Thomas Kling, poète allemand mort à l'âge de 48 ans en 2005, est connu dans l'espace germanophone surtout pour sa contribution au renouvellement de la poésie orale, de la poésie « performée » et mise en scène. En effet, il s'est distingué par les interprétations de ses propres textes dans le cadre de rencontres publiques, le plus souvent des festivals de poésie, mais aussi par des enregistrements sur compact-discs. Il a notamment travaillé avec le batteur de jazz Frank Köllges et réalisé à partir de son cycle de poèmes TIROLTYROL une « pièce radiophonique » (un « Hörstück », qu'il orthographie « Hörstükk ») avec l'artiste Jörg Ritzenhoff[2]. Il a ainsi acquis la réputation d'avoir donné une nouvelle impulsion à ce type de performance où le texte est intimement lié à la prestation du corps du poète. D'ailleurs, si Kling récuse le terme de « performance » au profit

---

[1] « Au moyen de l'ouïe, au moyen de la vue » : T. Kling emprunte cette expression à l'historien Carlo Ginzburg qui l'utilise à propos des modes de relation au divin évoqués dans les inscriptions votives latines. Voir Thomas Kling, *Auswertung der Flugdaten* [*Exploitation des paramètres de vol*], Köln, DuMont, 2005, p. 130-131. Les citations de Kling utilisées par la suite ont été traduites par mes soins.

[2] Thomas Kling/ Jörg Ritzenhoff, TIROLTYROL. Hörstükk. CD, Bielefeld, Pendragon, 2001.

de celui d' « installation verbale» (« Sprachinstallation »), c'est que la performance post-avant-gardiste s'était selon lui institutionnalisée et surtout parce que la lecture des poèmes proprement dite avait fini par disparaître derrière l'appareillage, les « prothèses de communication » (enregistrements, photographies, films, vidéos, etc.) comme il le déplore[3]. T. Kling utilise le terme allemand de « Blutzeuge » (littéralement : celui qui témoigne par son sang), synonyme de « martyr », pour définir la fonction primordiale de celui qui s'adonne, se donne à la poésie. Ce sont d'ailleurs des photos du poète prises lors de ces lectures en public qui ont été publiées pour accompagner les articles nécrologiques lors de sa disparition prématurée.

Il semble cependant nécessaire de réviser, ou pour le moins de nuancer cette image d'un auteur exclusivement attaché à revaloriser la dimension orale de la poésie dans un paysage poétique dominé par le paradigme visuel et scriptural[4]. Si l'on prend en compte l'ensemble de ses textes théoriques et des entretiens qu'il a donnés, on constate qu'il y a des évolutions, voire des contradictions dans ses prises de position : il serait donc réducteur de soutenir que pour Kling le texte poétique trouverait sa raison d'être et son accomplissement ultime dans la voix.

Pour situer Kling dans l'ensemble de ces questions, on peut dire que le véritable problème ne se pose pas pour lui en termes de rapports qui, selon l'antique liaison entre *melike poesis* et *mousike*, uniraient la langue poétique et la musicalité, ni même entre une langue abstraite qui aurait perdu le souvenir de la voix primordiale et une langue poétique retrouvant cette origine dans la performance, dans la mise en scène du corps et de sa voix. Le dénominateur commun des différentes positions théoriques de Kling, c'est la relation entre le sujet percevant et le monde perçu comme spectacle, comme bruit, ou encore comme texte. En cela, et de façon consciente et explicite, Kling reprend la réflexion ouverte par Dada et le futurisme. Raoul Hausmann définit la vie comme un « bruit énorme »[5] et dans son 'Journal' Hugo Ball écrit : « Le poème simultané traite de la valeur de la voix. L'organe humain

---

[3] Voir à ce sujet *Itinerar* [*Itinéraire*], Frankfurt a.M., Suhrkamp,1997, p. 12.

[4] On a qualifié Kling de « pop star de la poésie allemande » (Thomas Combrik), et souvent fait de lui le modèle des « poètes rock ».

[5] « ... zunächst erscheint uns das Leben ein ungeheurer Lärm » in: Raoul Hausmann, *Am Anfang war Dada*, Giessen, Anabas, 1992, p. 28. (« ...la vie nous apparaît d'abord comme un énorme bruit »)

représente l'âme, l'individualité dans son odyssée parmi les compagnons démoniaques. Les bruits forment le fond : l'inarticulé, le fatal, le décisif. Le poète veut mettre en évidence la disparition de l'homme dans le processus mécanique. Dans un raccourci typique, il montre le conflit de la *vox humana* avec le monde qui la menace, l'utilise et la détruit, un monde dont le rythme et le bruit son inéluctables. »[6] Kling, qui s'inscrit explicitement dans la continuité et le dépassement du dadaïsme entreprend, surtout au début de son travail, d'ausculter le monde, d'enregistrer son bruit qui n'est pas forcément spectaculaire ou « énorme » (Hausmann). Non sans ironie il explique comment il s'est mis à l'écoute du réel : « Durant mon service civil j'avais passé trois semaines de congé dans les Pouilles : j'avais arpenté une plantation d'agrumes avec un dictaphone Sony et ce que mes cassettes avaient enregistré de plus intéressant, c'était le bruit de mes pas. »[7]

A ses débuts en 1985, Kling s'est intéressé au groupe « Oberiou » (« Association de l'art réel » de Danil Charms), à ces poètes qui, dans la Russie en voie de stalinisation, remettaient en cause les lectures publiques traditionnelles et la sacralisation de l'auteur-récitant pour donner rendez-vous de façon inopinée à leurs auditeurs dans les rues de Léningrad et mêler leur voix au bruit du monde. Le projet de Kling cependant ne recoupe pas exactement celui de Ball ou des « Oberioutes », il ne s'agit pas de montrer la « disparition de l'homme dans le processus mécanique » (Ball, cf. supra) ni de mettre en scène la fusion de la poésie dans l'espace public, mais de dégager certaines voix au sein du murmure du monde et de les recomposer dans le poème *écrit.* Kling s'intéresse particulièrement aux zones géographiques qui sont du point de vue linguistique des melting-pots parce qu'elles produisent, telles une « énorme société d'insectes bourdonnants »[8], un continuum sonore à partir duquel il peut sélectionner certaines voix et les « préparer » (au sens entomologique

---

[6] Hugo Ball, La Fuite hors du temps, (30 mars 1916) cité in : Henri Béhar, introduction à : Tristan Tzara, *Dada est tatou. Tout est Dada*, Paris, Garnier-Flammarion, 1996, p. 15.

[7] « Ich hatte drei Wochen meines Zivildiensturlaubs in Apulien verbracht ; war mit einem Sony-Diktaphon durch Zitrusplantagen gelaufen und das beste, was die Kassetten aufgenommen hatten, war das Geraüsch meiner Schrittfolgen. » in: T.K., *Itinerar*, p. 12.

[8] « eine Riesen-summende-Insektengesellschaft, wo man die einzelnen Stimmen dann herauspräparieren muß » in « Ein schnelles Summen ». Thomas Kling im Gespräch mit Hans Jürgen Balmes und Urs Engeler (Köln, 2.4. 1994) in: htttp://engeler.de/summen.html.

du terme). Comme l'expérience de la vie passe autant par l'ouïe que par la vue, la poésie est donc définie dans cette perspective comme « un instrument de précision servant à s'approprier le monde. »[9] Kling reprend à un autre endroit une formulation analogue, il voit dans le poème un « instrument précis de perception qui sait rendre visibles et audibles les plus petits mouvements sous-cutanés de la langue. »[10] Mais si la langue poétique est un instrument de précision, elle s'ouvre justement à tout ce qui constitue l'univers sonore, c'est-à-dire aussi à l'imprécision, au parasitage, au bruit qui perturbe la communication. Si les poèmes de Kling sont riches en jeux de mots fondés sur des variations phonétiques, c'est qu'ils intègrent les « malentendus », ce qui a été mal perçu, mal lu ou écouté, c'est que la langue du poème a pour mission d'enregistrer et de réutiliser les perceptions, perturbées ou pas.

Il retrouve en cela ce qui constitue le point commun à de nombreuses avant-gardes historiques du début du XXe siècle : le sensualisme, le primat accordé aux sens dans le processus de connaissance, dans la constitution du Moi et dans son rapport au monde, ce que Tristan Tzara appelle « le vent limpide de la sensation momentanée. »[11] Le Moi, pour reprendre les analyses du physicien et philosophe Ernst Mach, n'est que la somme des sensations et des souvenirs du sujet. Les avant-gardes et mouvements modernistes de l'espace germanophone sont contemporains du renouveau néo-kantien, lequel attribue au sujet un rôle déterminant dans la connaissance de l'objet. Ernst Mach et Heinrich Vaihinger, à la suite de Kant, dégagent dans une perspective post-nietzschéenne la place centrale de la sensation première dans les processus cognitifs et dans le langage.

Cette réflexion sur les sens est associée à une attention particulière portée à l'origine et à l'immédiateté. Une des idées circulant dans les milieux littéraires du début du siècle influencés, c'est que, à l'origine,

---

9 « Ein optisches und akustisches Präzisionsinstrument », cité in: « Am Anfang war die ‚Menschheitsdämmerung' ». Interview mit Thomas Kling. Von Daniel Lenz und Eric Pütz in: literaturkritik.de Nr. 2, Februar 2000 (2. Jhg.), http://www.literaruturkritik.de/public/rezension.php?rez_id=827); « ein Werkzeug zur Weltaneignung » (*Itinerar*, p.27).

10 « Das präzise Wahrnehmungsinstrument Gedicht, das kleinste subkutane Bewegungen der Sprache sichtbar und hörbar zu machen versteht... », in : *Auswertung der Flugdaten*, p. 120.

11 Tristan Tzara, *Dada est Tatou...*, op.cit., p. 206 (Manifeste dada 1918).

le langage s'est constitué comme l'expression immédiate d'une réaction sensorielle ou affective. Pour Ernst Cassirer le langage, à son tout premier stade, n'est pas un système de représentation, il est fait de signes « émotionnels » provenant de l'affect et de la pulsion sensorielle. Avant que ne se réalise le processus de symbolisation, les mots sont d'abord des « interjections », des formes immédiates d'expression de la souffrance ou de la joie. L'évolution de la civilisation, le développement de la langue abstraite et conceptuelle fait que cette immédiateté s'efface avec le temps. Pour les théories critiques de la modernité (de Nietzsche à la « Sprachkritik » allemande et autrichienne), la langue prétend à une objectivité qui, dans ces conditions, s'avère tout à fait illusoire. De nombreuses avant-gardes ou courants modernistes entendent dégager la langue de sa gangue abstraite, généralisante afin de retrouver la sensation pure qui y prévalait avant sa transformation en système de signes : telle sera par exemple l'entreprise du poète expressionniste August Stramm et de son « Wortkunst » qui repose sur la valorisation du substantif pur, débarrassé de ses liens au temps (verbes conjugués), de l'ornement (les adjectifs) et de la conceptualisation (élimination des substantifs exprimant autre chose que des affects et des sensations). Pour d'autres penseurs comme Fritz Mauthner, on ne peut plus sauver la langue et toute véritable critique ne peut que déboucher sur une mystique du silence : « Il serait temps d'apprendre de nouveau à garder le silence. »[12] Il y a au tournant des XIXe et XXe siècles dans l'espace germanophone un faisceau de réflexions autour de la langue et du silence comme vecteur, adéquat ou inadéquat, des sens. Le théoricien socialiste libertaire Gustav Landauer, partant de la critique radicale de son ami Mauthner tout en la dépassant, sauve *in fine* la langue poétique comme dire de l'indicible monde des sens : « Comme le monde des sens n'est pas dicible, (...) les poètes désormais nous donnent non seulement le rythme de leur vie et de leurs sentiments: mais aussi les images du monde des sens: en tant qu'il n'est pas dicible ». En s'inspirant de l'inventivité langagière de la mystique médiévale et en définissant l'être humain comme un être de langage et donc de sociabilité, Landauer fait converger utopie politique et utopie poétique, révolution sociale et révolution des *topoï* de la langue[13].

---

[12] «Es wäre Zeit, wieder schweigen zu lernen», F. Mauthner, *Beiträge zu einer Kritik der Sprache*. 1. *Sprache und Psychologie*, Stuttgart, Cotta, 1901, p. 215.

[13] «Da die Sinnenwelt nicht sagbar ist, (...) geben uns nun die Poeten nicht nur den Rhythmus ihres Lebens und ihrer Gefühle: sondern ebenso die Bilder der Sinnenwelt: als

Se situant dans une problématique analogue, Kling replace le corps au centre de sa réflexion : le poème résulte pour lui de la sublimation d'une perception sensorielle et il réclame de son lecteur ou auditeur une compréhension des textes qui s'opère par l'intermédiaire du corps[14]. Il manifeste un intérêt particulier pour les « histrions » qui à l'origine étaient des danseurs étrusques ou grecs de pantomime : « Dans l'*actio*, qui est étroitement liée à la société sans écriture, ils font 'entendre' un élément du canon rhétorique préclassique qui plus tard ne sera plus pris en compte, l'accentuation du corps, l'art du dire, le geste textuel qui doit ravir le public.»[15] La tradition occidentale n'avait fini par retenir de l'antique rhétorique que *l'inventio*, la *dispositio* et l'*elocutio* : Kling s'inscrit dans ce courant qui, au XXe siècle, rappelle, à côté des techniques mnémotechniques (*memoria*), l'importance de l'*actio*, de la performance ou, pour reprendre le concept de Kling, de l'« installation » de la langue dans l'espace public.

Si l'on trouve des contradictions apparentes dans les réponses que Kling apporte à ces questions, c'est que selon le moment où il parle il adopte soit une perspective *anthropologique* en essayant de déterminer quel organe « à l'origine » a été le plus sollicité ou utilisé, la vue ou l'ouïe, soit une perspective *historique* en étudiant la signification paradigmatique de la voix ou de l'écriture selon les époques, soit encore une perspective *poétologique* quand il définit le mode sensoriel qui préside ou doit présider à la création et à la réception de ses propres textes. Les éventuelles contradictions s'expliquent, semble-t-il, par cette perspective changeante, par cette oscillation entre anthropologie, Histoire et poésie. La question centrale n'est donc pas celle de la relation entre intellect et musicalité, mais entre intellect, appareil sensoriel et polyphonie du monde dans un processus à la fois de création du texte et de réception de celui-ci. Il est intéressant de noter que Kling évacue assez rapidement la question du rythme qu'il

---

das Unsagbare.» Cité in Hubert van den Berg, *Avantgarde und Anarchismus. Dada in Zürich und Berlin*, Heidelberg, C. Winter, 1999, p.258.

14 « ein Verstehen über den Körper » (Interview Lenz/Pütz)

15 «Sie bringen in der eng zur schriftlosen Gesellschaft gehörenden *actio* ein später nicht mehr berücksichtigtes [...] Element de vorklassischen Rhetorik-Kanons, das Körperbetonte 'zu Gehör', die Rede-Art, die Text-Geste, die das Publikum mitreißen soll », *Itinerar*, p. 28. Lui-même se définit comme un poète histrion («...ich wurde ein histrionischer Dichter », *Itinerar*, p. 59).

considère comme un présupposé évident : « Les poèmes sont toujours marqués par le rythme, sinon ce ne sont pas des poèmes. S'il est manifeste que ces dernières, ces toutes dernières années le besoin se fait ressentir de souligner de nouveau qu'un poème est fait de rythme et de musicalité, c'est là un aveu de faiblesse. Pour moi, c'est un préalable absolu, je ne m'étends pas sur ce point, même en ce moment. »[16]

Cela démontre que la poétique de Kling repose pour une bonne part sur une anthropologie. A la lecture de ses différents textes théoriques, de *Itinerar* (1997) jusqu'à *Auswertung der Flugdaten* (2005), on a le sentiment que l'intérêt théorique de Kling se porte de plus en plus sur l'anthropologie, plus précisément sur la réduction qui vise à cerner au plus près la hiérarchie des sens dans la perception la plus originelle qui soit. Entre autre définition du poème, on trouve « un instrument de précision vieux comme la pierre »[17], la pierre figurant ici non seulement le temps accumulé lors des processus géologiques, mais aussi le support sur lequel peuvent être inscrits des signes, gravées des inscriptions. C'est pourquoi on trouve chez lui également une critique de la notion de poésie pure conçue comme ensemble harmonieux de mots et de sons débarrassés de leurs scories. Dans un texte polémique, Kling se réfère, contre Paul Valéry, aux formules incantatoires des chasseurs de la préhistoire qui, selon lui, ont encore du sang sous les ongles (Kling s'est intéressé à l'œuvre et aux activités de Joseph Beuys, non pas à l'image messianique que celui se donnait, mais à la matérialité « archaïque » de son travail). Il y a chez lui la remise en cause d'une poésie purement musicale qui accorderait le primat à la langue mélodique ou même à la musicalité, fût-elle produite par l'impair comme le réclame le paradigme verlainien (« De la musique avant toute chose/ et pour cela préfère l'Impair/ [...] De la musique encore et toujours »[18]). Il revendique une poésie qui donne sa part au grognement, au hurlement, mais aussi aux dialectes, aux idiolectes,

[16] « Gedichte sind immer vom Rhythmus geprägt, sonst sind es keine Gedichte. Wenn jetzt offenbar in den letzten, in den allerletzten Jahren wieder betont werden muß, dass ein Gedicht aus Rhythmus und Musikalität besteht, dann ist das ein Armutszeugnis. Das ist absolut die Voraussetzung, da verliere ich kein Wort darüber, auch im Moment. » (Interview Lenz/Pütz)

[17] « dieses steinalte Präzisonswerkzeug », in : *Auswertung der Flugdaten*, p. 120.

[18] Paul Verlaine, *Œuvres poétiques complètes*, édition Y.G. Le Dantec et J. Borel, Paris, Gallimard/ La Pléiade 1962, p. 326-327.

sociolectes ainsi qu'aux formes hybrides de la langue comme le « Rotwelsch », l'argot parlé dans l'espace germanophone par les vagabonds, les petits criminels et les couches sociales marginalisées. Ce langage métissé, qui comporte des termes allemands, hébreux et yiddish, a retenu particulièrement l'attention de T. Kling : « Proche de la préscripturalité, de cultures orales qui attribue à la puissance verbale une grande signification, richesse de tropes rhétoriques ; proche et dans le cri, cri d'avertissement, cri de chasse et de plaisir ; apparenté aux répertoires de signes acoustiques et préscripturaux des codes secrets ; apparenté aux graffiti urbains. »[19]

* * * * *

Cet intérêt pour des langues qui portent la marque de leur proximité de l'oralité ne s'accompagne pas cependant d'une valorisation, encore moins d'une sacralisation de la dimension phonétique de la langue. Kling rappelle la parenté du « Rotwelsch » et des codes graphiques secrets que l'on appelle « Zinken », ces signes ou symboles utilisés par les vagabonds, mendiants, tziganes qui étaient gravés sur les murs d'église ou les troncs d'arbre et laissés à l'attention de ceux qui passeraient plus tard, informations concernant la route à suivre, les possibilités d'hébergement, les opportunités de mauvais coups ou les éventuels dangers. Kling rapproche le mot « Zinke » du latin « signum », français « signe », allemand « Zeichen », mais aussi de « Zinne », le grand couteau des montagnards qui sert à entailler et à travailler le bois. Le paradigme originaire n'est pas le souffle divin, la Parole révélée qui fait vibrer l'âme humaine, ni son avatar profane, le souffle ou le cri spontané jailli du corps. C'est bel et bien l'inscription, la trace scripturale et son déchiffrage par la vue qui sont premières : « Le poème est effraction dans les archives de toute écriture, depuis les premiers signes gravés, les incisons pratiquées sur les os et la pierre »[20]. Kling fait appel à la paléoanthropologie pour formuler sa poétique : « Ils [les paléoanthropologues] savent […] que l'œil du point de vue de l'histoire de l'évolution, est de loin l'organe le plus

---

[19] « Nah an der Vorschriftlichkeit, an redebezogenen Kulturen, die verbaler Potenz einen hohen Stellenwert zuweist, Reichtum an rhetorischen Tropen ; nah im Ruf, Warnruf, Jagd-und Lustschrei : die akustischen und präskripturalen Zeichenrepertoires der Zinken, dem urbanen Graffiti verwandt. » (*Itinerar*, p. 42)

[20] «Das Gedicht ist der Einbruch in die Archive allen Schrifttums seit den ersten Kratzmaßnahmen, den Inzisionen auf Knochen und Stein. » (ibid.)

ancien de perception, beaucoup plus ancien que l'ouïe. »[21] L'attention apportée aux systèmes sémiotiques secrets, aux parlers clandestins explique également l'intérêt prononcé de Kling pour les poésies dites hermétiques des XIXe et XXe siècles, notamment espagnole et italienne, et son refus des formes discursives de narrativité : « Les poèmes sont des systèmes verbaux hautement complexes (faits de plusieurs langues, « *polylingual* »[22]). Communicables et incommunicables à la fois : Hermes, gardien des portes et portails [...] »[23]

En cela le projet de Kling ne peut être identifié à la fascination de certaines avant-gardes historiques pour l'immédiateté et la simplicité « primitive ». De ce point de vue Kling est plus près de « l'authenticité mise en scène » d'un dadaïste radical comme Walter Serner que de la poésie phonétique de Ball. Il s'est souvent amusé des critiques littéraires qui voient dans sa poésie la retranscription d'expressions dialectales et populaires de Düsseldorf. Sa poésie « polylinguale » se nourrit à la fois de langages populaires « bâtards » (oralité) et d'une grande érudition littéraire, linguistique et anthropologique (scripturalité), elle associe et « métisse » des systèmes codés de façon complexe et des interjections simples, expressions spontanées du corps et de l'affect.

Si on peut ainsi dire que Thomas Kling donne toute sa place à la dimension sonore de la poésie, notamment à partir du travail sur la voix, il apparaît que celle-ci est indissociable de l'écrit, de la perception visuelle, et ce sur un mode qui n'est pas simplement de l'ordre de la transposition, c'est-à-dire du signe. Le travail opéré par Kling sur la forme des mots souligne cette idée d'une scripturalité fondatrice. Il s'est certes particulièrement intéressé aux formes de langage préscriptural, toutefois la poésie ou plus exactement le poème n'est envisageable qu'à partir du moment où l'on entre dans l'ordre de l'écrit. Il ne s'agit pas seulement d'inventer un système graphique qui

---

[21] « Sie wissen [...] daß das Auge das entwicklungsgeschichtlich bei weitem ältere Wahrnehmungsorgan ist, viel älter als das Gehör. » (*Auswertung der Flugdaten*, p. 125)

[22] Kling crée un néologisme « polylingual » pour désigner le caractère hybride de toute langue.

[23] « Gedichte sind hochkomplexe (« vielzüngige », polylinguale) Sprachsysteme. Kommunikabel und inkommunikabel zugleich : Hermes als Hüter der Türen und Tore[...].» (*Itinerar*, p. 55)

fonctionnerait comme une partition destinée à transcrire une langue poétique, laquelle imiterait ou réinventerait une langue « originelle » perdue. Le mouvement ne va pas du son premier à une graphie « transparente », auxiliaire de la voix. Quand Kling s'emploie à visualiser un son, à évoquer un bruit, il le fait au moyen de procédés graphiques qui débordent ce son et ne lui sont pas réductibles : « Façonner des espaces de langue avec la voix, façonner la langue avec la voix de l'écriture : installation verbale. »[24] On se souvient que Kurt Schwitters s'est efforcé pendant des années à faire de sa « Ursonate » (sonate primitive ou originelle) une partition. Son ami Raoul Hausmann qui est en fait l'auteur du premier mot ou plus exactement des premiers sons de cette sonate (« fmsbwtözäu ») s'est élevé contre cet alignement du « son originel » sur le modèle de la sonate classique, sur le paradigme de la musique. De même, pour Thomas Kling il n'y a pas de paradigme musical auquel il faudrait ramener le texte poétique, y compris dans sa dimension orthographique et typographique. Du dadaïste Hugo Ball, l'un des représentants les plus éminents de la poésie phonétique (« Lautdichtung ») au début du XXe siècle, Thomas Kling dit : « Il savait certainement que ce nouveau genre de vers – le poème phonétique – ne fonctionne pas littéralement, ne peut pas fonctionner : il n'y a pas de forme plus mortifère, plus absurde et monotone de la poésie (...) que le poème phonétique imprimé. »[25] Quand le signe écrit, gravé ne sert qu'à fixer un son originel, il ne fonctionne pas. Cela est dû au fait que pour Kling, c'est le sens optique qui, du point de vue de la psycho-anthropologie, est premier. Kling (né à Bingen) appelle Hildegard de Bingen à la rescousse pour étayer sa conception. La mystique rhénane, musicienne et sainte bénédictine du XIIe siècle mettait en relief, elle aussi, le primat de l'œil sur l'oreille, du phénomène visible sur le phénomène audible : « Mais la vue – le sens des yeux – par lequel l'homme peut tout voir et tout comprendre – est à bon droit placé au-dessus des autres sens. A partir de cette position supérieure aux autres sens la vue saisit mieux que les quatre organes les objets éloignés. »[26] La vue fonde la théorie de la connaissance des choses visibles ; dans un second mouvement, quand on se tourne vers les objets non visibles, il faut par définition, avoir recours à un autre organe que l'oeil. C'est là qu'intervient l'ouïe

---

[24] « Sprach-Räume mit der Stimme gestalten, Sprache mit der Stimme der Schrift gestalten : Sprachinstallation ». (*Itinerar*, p. 59)
[25] *Itinerar*, p. 34-35.
[26] « Hildegard von Bingen » in T.K., *Auswertung der Flugdaten*, p. 128- 129.

comme organe privilégié : « L'ouïe est le début de l'âme raisonnable » dit Hildegard de Bingen, l'ouïe permet la compréhension des mots : « De même le second sens, l'ouïe, est en quelque sorte comme une petite aile pour la compréhension des paroles qu'elle reçoit. »[27] En se référant à Hildegard de Bingen, Kling dialectise la réflexion sur les rapports entre écrit et oral, car si la raison humaine suppose l'écoute du mot prononcé, pour la bénédictine rhénane, dans le processus de dictée, activité centrale dans les cloîtres du haut moyen âge, le mot ne peut être écrit que parce qu'il a été prononcé à haute voix au préalable. En retour, la personne qui dicte, qui fait « s'envoler les paroles » (selon l'adage du « scripta manent, verba volant ») s'appuie sur un texte lui-même déjà écrit[28]. Kling échappe ainsi au débat qui a longtemps été à l'horizon de la philosophie et de la théologie occidentale, celui du mode de réception de la présence divine : parole entendue (sous la forme de l'appel de Dieu) ou lumière perçue (illumination), passivité auditive (l'oreille est toujours déjà ouverte) ou liberté optique (l'œil cherche à voir, libre de s'ouvrir ou de se fermer)[29].

Kling a certes été manifestement fasciné par des formes d'expression archaïques en-deçà ou au-delà de la scripturalité (inscriptions sur l'os ou la pierre, cri du chasseur préhistorique), mais il a su échapper au paradigme d'un certain romantisme en se plaçant toujours déjà dans le texte, non pas le *liber naturae*, mais le texte littéraire, écrit : « D'abord mes poèmes sont très dépendants de la dimension scripturale. Ils proviennent de ce que j'ai lu, pas de ce que j'ai entendu et seul le texte écrit est à même de provoquer cette richesse sémantique qui par la lecture répétée saute aux yeux et aux oreilles. »[30]

---

[27] Ibid.

[28] Longtemps les moines copistes ont travaillé sous la dictée : soit ils lisaient à voix haute le texte qu'ils étaient en train de copier, soit l'auteur ou une autre personne leur dictait le texte. Voir à ce sujet : Alberto Manguel, *Une Histoire de la lecture*, Arles, Actes Sud, 1998, trad. C. Le Bœuf, p. 69-70.

[29] Cf. Hans Blumenberg , « La lumière comme métaphore de la vérité », in : *Lumières*, dir. Martine Bouchier, Bruxelles: Ousia, 2002, p. 202-230, trad. L. Cassagnau.

[30] « Zunächst einmal sind meine Gedichte sehr vom Skripturalen abhängig. Sie kommen aus dem Gelesenen nicht aus dem Gehörten, wobei die semantischen Mehrfach-Aufladungen, die bei der wiederholten Lektüre augen-und ohrenfällig werden, nur der schriftliche Text leisten kann » (Interview Lenz/Pütz).

Il y a chez Kling une forme spécifique de poéticité typographique ou orthographique plus ou moins discrète qui travaille la langue de l'intérieur. Ni éclatement futuriste ou dadaïste, ni lettrisme ou langue phonétique : cette poéticité souvent incongrue, voire humoristique, est en lien avec le son, mais le dépasse ou le précède. Parmi les procédés les plus fréquents de travail sur la graphie (procédés pour une part originaux, pour une autre part pratiqués depuis longtemps dans la modernité) on trouve : l'absence de majuscules pour les substantifs (normalement obligatoires en allemand moderne), la réduction de la désinence « -en », très fréquente en allemand, à « -n » (« stundn » au lieu de « Stunden »), le détournement de règles orthographiques (par exemple un mot qui comporte le groupe de consonnes « ck », lorsqu'il est coupé et réparti sur deux lignes, s'orthographie « k-k », Kling peut utiliser ce double « k » alors même qu'il n'y a pas répartition sur deux lignes), la coupure du mot non motivée par sa position sur la page, une coupure souvent pratiquée sans respecter les éléments constitutifs du mot (préfixes, suffixes, radical, désinence), la transcription inhabituelle et non systématique d'un son par une série de lettres (par exemple l'élément « Kriegs- » utilisé dans les mots composés dont le sens comporte la notion de guerre est ludiquement orthographié « krixx- », ou encore « Fuchs » devient « fuxx »), l'utilisation non motivée par les règles orthographiques de capitales, majuscules, italiques, parenthèses, traits obliques, la répartition en colonnes de taille variable et la disposition libre sur la page des blocs textuels. Souvent Kling écrit « di » l'article défini que l'on orthographie normalement « die » (ou pareillement « si » le pronom qui s'écrit en principe « sie »). Ce jeu sur l'article ne modifie pas la phonétique, il crée cependant un effet visuel spécifique difficilement réductible à une intention unique. Une telle orthographe ne s'inscrit pas dans le cadre d'une écriture phonétique systématisée (comme l'a pratiquée Raymond Queneau), ni dans une entreprise de disparition de la voyelle « e » à la Georges Pérec : le reste du texte peut très bien respecter la plupart des conventions orthographiques en vigueur, on trouve même des poèmes où cohabitent les deux orthographes du même pronom ou article (« di/die » ou « si/sie »). L'étrangeté de l'écart « di »/ « die » ne porte donc ni sur la phonétique ni sur la sémantique. L'orthographe « di » fonctionne comme trace, reliquat d'une graphie phonétique, rappelle l'orthographe encore non fixée de périodes passées (comme au XVIIe siècle), elle connote ou colore le texte en rappelant un état antérieur de la graphie confusément datable, suggérant une improbable idiosyncrasie dialectale.

Le jeu sur la graphie et la typographie n'est pas strictement imitatif, pas plus que l'orthographe. Il n'est pas réductible au « phonocentrisme », l'utilisation étudiée de parenthèses et de traits obliques par exemple suggère des formes géométriques qui restent de l'ordre du visuel et de l'imprononçable, on peut imaginer des changements de ton ou de voix, mais la valeur visuelle de ces signes existe pour elle-même, Kling ne détourne pas les signes typographiques pour inventer un système de notation musicale. Ceux-ci donnent au texte son visage particulier qui n'est reconnaissable que par l'œil. Les variations ludiques de l'orthographe à partir d'un seul phonème témoigne de ce résidu optique. Kling retrouve ainsi le dadaïsme qui insère des symboles ou des pictogrammes (par exemple une main avec un index pointé) dans un texte : signe imprononçable et pourtant intégré visuellement dans la chaîne des caractères typographiques et des lettres. De l'enjambement, Kling dit qu'il le conçoit à la fois comme la marque d'une pause rythmique pour la voix, mais qu'il est aussi césure, destruction des signes imprimés et qu'il faut le lire aussi à ce titre[31]. Cette trouée dans le texte et dans la voix ne se fait pas aux dépens du sens, Kling reste en-deçà de la radicalité de certains textes dadaïstes qui remettent fondamentalement en cause la sémantique.

Il existe des cas où le signe typographique, aussi discret soit-il, marque une ellipse qui porte une part importante du sens. Ainsi lorsque Kling intitule un poème « -lied, -sturm »[32], il attire l'attention sur l'élision du terme remplacé par le tiret (selon la convention orthographique allemande qui veut que dans l'énumération de mots composés comportant un élément commun, on peut remplacer cet élément par un tiret). A la réception strictement auditive du poème, on *entend* « Lied » et « Sturm » et on comprend « chant » et « tempête », la proximité de ces deux mots évoquant pour un germanophone le « Sturm und Drang » et le romantisme allemand. Mais quand on *lit* « -lied , -sturm », le tiret force le lecteur à imaginer le terme élidé, il

[31] « Es [das Enjambement] ist im gleichen Atemzug als Pausenzeichen gedacht, wie es Zeichen ist für Zerstörung der Zeichen. » (Interview Balmes/ Engeler)

[32] Thomas Kling, *nacht.sicht.gerät.* [*appareil.optique.nocturne*] Gedichte, Frankfurt a.M., 1993, p. 64.

retrouvera les mots composés lexicalisés « Volkslied », soit le chant populaire, forme privilégiée à l'époque du romantisme et de la redécouverte de la culture populaire sous le signe du nationalisme naissant, ainsi que « Volkssturm », milice levée par les nazis dans les derniers mois de la Deuxième guerre mondiale. Le sens (le rapprochement entre culture allemande et nazisme sous le signe d'une valorisation idéologique du « peuple ») ne se constitue donc que dans la perception visuelle, que dans la marque d'une biffure inscrite dans le texte imprimé.

Il apparaît clairement dans ces exemples que si la voix n'est pas posée en paradigme premier, c'est que cette poésie est liée intrinsèquement à la trace écrite. Nous l'avons vu, l'interprétation à voix haute du texte poétique telle que Kling l'a pratiquée est à l'origine de sa célébrité, elle lui permet de vérifier si le poème fonctionne, mais elle ne constitue pas l'alpha et l'oméga de sa poétique[33]. Par ailleurs, la visualité du texte imprimé n'est pas valorisée pour elle-même : elle ne vaut qu'au titre de ce qui déborde la voix et en dépend donc également, elle ne se définit que par ce dépassement. On pourrait dire que le signe écrit a une double transcendance, qu'il s'accomplit dans la profération (audition aveugle) *et* dans la lecture (perception muette) : « ex iussu, ex visu ». L'articulation entre visuel et auditif détermine un double niveau de réception : une audition rapide, linéaire qui joue sur les possibilités du rythme, et une lecture lente, circulaire, qui revient sans cesse sur ce qui a été perçu avec les yeux. Le rythme pousse l'auditeur vers l'avant, l'œil impose au lecteur le retour, la répétition[34].

Thomas Kling élude la question de sa position entre le « phonocentrisme » de Saussure et la réhabilitation de l'écriture dans la conception de Derrida pour lequel la trace est antérieure à l'oralité[35]. Si

---

[33] Kling réfute explicitement Gottfried Benn qui prétendait que la lecture à voix haute n'était pertinente ni pour le poème ni pour l'auditeur, voir *Itinerar* , p. 63.

[34] Sur ce sujet, et plus généralement, sur la question de l'oralité et de la scripturalité chez Kling, voir l'article très intéressant de Hermann Kinder « Zwei-Phasen-Lyrik. Bemerkungen zu Thomas Klings 'ratinger hof, zettbeh (3)' » in : Text+Kritik VII, 00, Nr. 147, *Thomas Kling*, (hg. von Heinz Ludwig Arnold), p. 81-90.

[35] A la question de savoir où il se situerait entre le « phonocentrisme » de Saussure et la valorisation de l'écriture chez Derrida, Kling répond que seul un universitaire vivant à notre époque pourrait le dire. Un peu plus tard, il parle cependant de position intermédiaire (« ein Mittelding zwischen Derrida und de Saussure ») (Interview Lenz/Pütz).

certaines déclarations laissent supposer que le son, le bruit, la parole sont premiers et que les signes écrits viennent ensuite fixer ces phénomènes (principe même du phonocentrisme), d'autres au contraire tendent à valoriser la trace écrite et sa perception par les yeux comme le geste fondamentalement premier de l'homme. Avec le temps, Kling semble privilégier une approche plus derridienne que saussurienne (pour simplifier les termes du débat) et même lorsqu'il se réclame d'un art de la performance, Kling rappelle que le poème « performé » existe d'abord en tant que texte écrit : « Le poème est art de la mémoire et en tant qu'écrit précède naturellement la performance du texte, précède l'actio qui a été éliminé dès l'époque préclassique du canon rhétorique ; [...] le poème comme événement littéral est installation verbale *avant* l'installation verbale »[36].

Arracher au réel visible, au texte lisible, ce qu'ils peuvent déceler de sons, de bruits, de musique pour faire apparaître ces dimensions par l'écriture qui à son tour, vit de la profération sans être réduite à elle : tel est le mouvement qui explique l'intérêt de Kling pour les formes muettes, pour l'emblème baroque, mais aussi pour le « Gemäldegedicht », c'est-à-dire le poème né de la contemplation réflexive d'un tableau. A la différence de l'emblème, le rapport image/texte n'est pas de l'ordre du didactique, de l'édifiant ou de l'exégèse, mais de l'ordre de la lecture sensorielle. Kling a écrit des « Gemäldegedichte » à partir de tableaux de peintres aussi divers que Mantegna, Brueghel, Hans Baldung Grien, Holbein, Goya, Polke, Beuys, mais également à partir d'ex-votos, de peintures murales, de photographies, de cartes postales de la Première Guerre mondiale. Certains de ces textes ont été précisément récités en public dans le cadre du Musée d'Art de Bâle. La peinture (mais aussi la photographie ou la gravure) génère un texte avec son rythme, sa sonorité propre retranscrite par des procédés orthographiques et typographiques spécifiques à T. Kling. Dans le recueil *brennstabm*, Kling fait alterner six vers se rapportant à un des portraits photographiques les plus connus du poète Georg Trakl (mais non reproduit) et six photos de combats navals de la Première Guerre mondiale. L'ensemble intitulé

[36] « Gedicht ist Gedächtniskunst und steht als Schrift naturgemäß vor der Performance des Textes, der in vorklassischer Epoche bereits aus dem rhetorischen Kanon ausgeschalteten actio [...] Das Gedicht als literales Ereignis ist die Sprachinstallation *vor* der Sprachinstallation. » (*Itinerar*, p.20)

Aufnahme Mai 1914[37] est rythmé tant du point de vue de la langue que du point de vue visuel : l'effet est paradoxal : en effet, parmi les possibles associations que fait naître ce poème, on songe à une séquence de film *muet* avec des intertitres qu'il faut *lire*, mais par ailleurs les 6 vers disposés chacun sur une page produisent à la lecture des effets phonétiques : « gefaltet, beherrscht ; di beherrschten hände »/ « gefaltet. in leicht vorgebeugter spannung. »

La poésie de Kling ne vise donc ni une inanité sonore mallarméenne où l'objet visuellement représentable se dissout dans le jeu des signifiants, ni ne se veut « poème optophonétique » dans la tradition dadaïste où la liquidation du signifié est compensée par la virtuosité typographique. Kling conserve la sémantique, il souligne même la dimension narrative et épique de son travail : « Et ensuite moi qui ai commencé à écrire au début des années 70, je ne me suis pas intéressé a priori à un procédé strictement sériel, à une stricte permutation, dans le sens de la Poésie Concrète, mais au contraire à l'aspect narratif que je m'étais longtemps interdit. J'ai donc écrit des textes narratifs tels que je les comprenais »[38]. Kling ausculte le monde, lequel est désormais toujours déjà un monde d'images et de médias, il fait voir les sons au moyen d'une orthographe et d'une typographie particulières. Partant d'une problématique proche de celle de Dada, il ne renonce pas au sens, ni ne récuse la langue dans ses différentes fonctions ancestrales. On ne trouve pas chez lui de lettrisme, pas de suite de lettres et de signes désémantisés, mais une lecture et une écoute des signes et des traces du monde, des graffitis aux reportages télévisés de CNN, des os entaillés de la préhistoire aux tableaux de Sigmar Polke.

Derrière la question des rapports entre écrit et oral, il y a chez Kling la question du corps, corps du poète, de son lecteur-auditeur, mais aussi de la langue[39]. Le corps du poète est défini comme urbain,

---

[37] *brennstabm* [*barres de combustion*], Frankfurt a.M., Suhrkamp, 1991, pp. 121-133.

[38] « Und dann hat mich, der ich Anfang der siebziger Jahre anfing zu schreiben, von vornherein nicht eine streng serielle, im Sinne der Konkreten Poesie, eine strenge, permutative Textvorgehnsweise interessiert, sondern ganz bestimmt das Erzählerische, was ich mir lange verboten habe. Ich habe also erzählerische Texte, wie ich sie verstanden habe, geschrieben. » (Interview Balmes/ Engeler)

[39] Kling se réfère au poète baroque Kaspar Stieler qui parlait déjà de « corps de la langue » (« Sprachleib ») et il compare son travail de décomposition/recomposition du

exposé à des « chocs », à des perceptions rapides : « Mon écriture a toujours été urbaine. C'est pourquoi aussi j'ai accordé tant d'importance au Romain Catulle [...] La perception à la campagne a toujours été plus lente, vu que les formes ne changent qu'au ralenti »[40]. On trouve chez Kling une référence à Baudelaire qui « a compris que la vitesse urbaine est affaire de nerfs et qui a garrotté le sublime »[41]. Ainsi semble s'esquisser une typologie qui oppose le visuel « moderne » (au sens de Baudelaire et de Benjamin) à l'auditif qui serait du côté du sublime ou de sa forme dégradée, le kitsch religieux. Dans son évaluation critique des avant-gardes historiques Kling rapproche l'évolution vers le mysticisme ascétique du dadaïste Hugo Ball du rigide habit cubisto-dadaïste que celui-ci s'était confectionné lors de la fameuse première soirée du cabaret Voltaire à Zürich en 1916. Pour Kling la négation du corps que trahit ce déguisement de « grand-prêtre » ne pouvait que déboucher sur le kitsch religieux du dadaïste retiré en Italie au bord du Lac Majeur, écrivant des poèmes en l'honneur de la Vierge Marie ou de François d'Assise. Il y a là, selon lui, un lien entre la tendance ascétique à brider le corps et le primat accordé par Ball à la dimension sonore de la poésie qui cherche *ensuite* seulement des images adéquates à l'écrit. Poser le son comme paradigme premier et lui chercher secondairement une transcription écrite, revient à nier la corporéité de l'acte poétique.

Enfant, Thomas Kling a pratiqué le chant sept années durant jusqu'à ce que sa voix mue: cet apprentissage musical a formé son oreille et l'a rendu sensible à la polyphonie du monde, à son bruit. Mais cette écoute, qui n'est pas sans douleur, ne se réalise pleinement que dans son rapport à l'écriture : « *l'oreille agressée avec laquelle l'écoute// doit d'abord être conquise par l'écriture* », dit-il dans un poème[42]. La musique et la musicalité, qui pendant des siècles ont servi de critère principal pour définir le « lyrisme », n'est plus l'enjeu

---

matériau verbal à une observation et dissection du corps de la langue (« Sprachkörperbetrachtung , Benutzung von Sprachkörpern », *Itinerar*, p. 23).

40 « Mein Schreiben ist ja immer ein städtisches gewesen. Deswegen habe ich ja auch auf den Römer Catull so viel Wert gelegt [...] Die Wahrnehmung auf dem Land ist immer die langsamere gewesen, da sich die Formen nur zeitlupenhaft ändern. » (Interview Lenz/Pütz)

41 « Baudelaire, der die Stadtgeschwindigkeit als Nervengeschäft erkannte und das Erhabene garottierte. » (*Itinerar*, p. 41)

42 « *das angegriffene ohr mit dem das hören// erst erschrieben werden muß* » in : T.K., *Fernhandel* [Commerce lointain], Köln, DuMont, 1999, p. 25.

principal de cette poésie, que ce soit dans une perspective de réhabilitation ou, au contraire, de remise en cause : elle n'est qu'une dimension, un présupposé parmi beaucoup d'autres dans un mouvement dialectique qui fait jouer alternativement écoute, écriture, lecture, performance sonore (« *actio* ») et profération/perception muettes : « Lippenlesen », lire sur les lèvres, avec les lèvres , est inhérent à toute production/réception du texte poétique. « Lippenlesen », c'est percevoir l'inaudible dans la profération, c'est le lieu de rencontre entre visualité, parole et silence : « l'œil écoute » comme disait Paul Claudel. Ou pour le dire avec les mots de Thomas Kling : « Ecouter les images, essayer d'éclairer le visuel avec l'appareil de l'ouïe est bien sûr important, de même qu'inversement, en miroir, le monde des images est extrait du bruit, du bruit qui produit le monde. [...] C'est de là que vient la poésie. Elle procède du murmure qui s'élève crescendo jusqu'au cri de la naissance et de la mort et qui sans cesse se superpose aux poèmes. »[43]

[43] « Die Bilder ablauschen, der Versuch, das Visuelle mit dem Gehörinstrumentarium zu belichten, ist natürlich wichtig, genau wie umgekehrt, gespiegelt, die Bildwelt aus dem Geräusch herausgenommen wird, aus dem Geräusch, das Welt vollzieht », in Hans-Jürgen Balmes, « Lippenlesen, Ohrenbelichtung. Ein Gespräch mit Thomas Kling » in : Text+Kritik, op.cit., p. 22.

LE VOCALUSCRIT

Patrick Beurard-Valdoye

1

Qui n'a jamais vu un gros plan photographique de nos cordes vocales en exercice ignore jusqu'où la voix exprime notre partie intime. Il faut bien l'admettre : rien ne ressemble plus à un sexe féminin que notre gorge en train de dire.

Lors d'un récital de poésie se produit souvent une alchimie troublante, résultant d'un effet de résonance de l'intimité du poème par celle de la voix qui énonce. Cette zone de mystère se perçoit plus particulièrement lorsque le récital est donné en une langue étrangère.

A entendre un poète récitant dans sa langue que je ne connais pas, dont j'apprécie "la musique" comme l'on dit, il me semble parfois que j'accède à sa "partie intime". Je pressens la présence d'un être surgissant d'un accouchement — la mise au monde d'un adulte — dont la voix au lieu de crier et pleurer, annonce le recommencement, désormais serein, calme. Sans souffrance.

La voix du retour-né.

A moins que le poète ne se manifeste juste avant d'accoucher (de soi-même), dans le couloir de l'origine, sur le sentier de l'antre, tandis que les bruissements environnants signalent tout obstacle à cette renaissance : l'entrave que sont les longs bandeaux de la foule des fantômes.

Me voilà reconduit dans l'innocence par cette langue. Je retourne à ma propre naissance d'avant la langue maternelle. Je glisse avant la maternité, et je me suis — à mon tour — retour-né.

Rematernité même de l'être dans le poème.

2

Du coup : rien à voir avec la musique, avec ses codes de transmission, son lexique. Son tempérament et son écriture.

Il n'y a ni musical dans la pratique du poète, ni militaire dans la marche du randonneur.

Car la poésie contemporaine n'a rien à voir ni à entendre avec la musique. Orphée était un chanteur, et sans doute un enchanteur présomptueux.

Si je laisse de côté la mythologie pour entrer en histoire, celle-ci fait souvent commencer la poésie avec les troubadours et les Minnesänger. Elle en élargit trop le spectre. Les troubadours chantaient (ou chant-parlaient, accompagnés d'un instrument).

Plus rigoureux et plus actuel sans doute serait de convenir simplement que la poésie commence : avec les poètes — avec la poésie donc — lorsqu'ils surent abstraire le poème d'une présence musicale comme d'une allégeance formelle à la musique. La disparition radicale de l'instrument de musique permettait enfin d'entendre la langue, et d'entendre ce que le chant avait jusqu'alors voilé dans son lien à la langue. Elle autorisait surtout l'avancée dans la forme. La modernité en poésie couvait : le poète quittait peu à peu le rôle de décorateur de cour pour devenir explorateur du langage. Il passait de la composition à la construction.

Si je dois admettre que l'on qualifie Charles Trenet ou Claude Nougaro de poètes, si je veux bien que le journal *Libération* titre à leur décès : LE POÈTE EST MORT, alors il faut préciser qu'ils étaient de piètres poètes. Car aucun poète ne restera dans l'histoire moderne pour avoir écrit en des formes mortes. Fussent leurs paroles touchantes (*Les poètes, en chœur, vont chanter dans la rue...*).

Un jour à la télévision, Guy Béart déclare qu'il est poète. Serge Gainsbourg en face de lui remue, commence à ruminer puis à fulminer, à se gratter la tête et il dit : Qu'est-ce qu'y dit le blaireau ! T'es pas poète. T'es chanteur c'est pas la même chose.

Les arts poétiques se sont émancipés définitivement de la matrice musicale dont ils auraient - pourquoi pas ? - accouché, au moment même où la danse — l'art du mouvement de Rudolf Laban et Mary Wigman — se libérait à son tour de la musique.

Ces arts poétiques ont pourtant continué d'emprunter des notions propres à la musique. Auraient-ils du mal à affirmer leur spécificité ? Leur culture et leurs pratiques singulières ? Musicalité du vers ; musique intérieure ; vers composés ; chant ; lyrisme ; rythme ... sonorités. Mais le mot récital lui, s'origine dans la poésie : réciter.

3

Je ferme les yeux, les larmes noircissent mon abime. Je refoule du plus gros effort de la mère au travail les larmes, et j'entre dans la langue pré-natale qui n'est pas langue mais voix, qui n'est plus appel au secours, mais apaisement par le chemin retrouvé. C'est là que tout poète s'affirme femme d'abord.

Cette voie, je la cherche à nouveau en disant mon poème, dans ma langue qui n'est pas que langue, dans ma voix qui est loin de n'être que parole. Ce que je cherche à dire, c'est ce qui ne peut être dit car sans mot sans syllabe sans lettre. Qui est un hors-de-soi sans colère pour que le retour-né s'opère, et doublement : cette fois il s'agit de retour-naître envers le dehors, vers l'espace, de traduire en amplifiant cette "musique intérieure" qui n'est rien de musique, puisque sans code sans écriture et sans règle : c'est-à-dire jamais reproductible, jamais interprétable. D'extraire autant qu'abstraire du dedans du corps ce pré-état inhérent à ce que je recherche en écrivant, pour le retourner tel un gant, pour que la poche d'air s'ouvre vers l'autre sans déchirement.

Le récital, lieu du poème qui se dresse, serait une adresse d'un mode particulier. Sa pensée, aux limites de la rhétorique, se fonderait plutôt sur une sorte de monologue, où l'adresse est une parole *devant* l'autre, en sa présence, et qui fait de celui-ci le second personnage du monologue que je veux rejoindre en effet.

Mais s'il s'agit tout de même d'aller vers l'autre, c'est-à-dire en premier lieu de mesurer l'intervalle qui me sépare de la voix de l'autre; puisqu'il s'agit d'inventer la mitoyenneté avant de poser toute voix, puis de socialiser cette prise de parole dans l'espace citoyen, puisqu'il s'agit en définitive de traduire par notation ce qui va ensuite graver la mémoire du retour-né double, j'appelle cette inscription garante contre l'oubli : *vocaluscrit.*

Les arts poétiques ont coupé les ponts avec la fable d'Orphée. Ils maintiennent pourtant le cordon ombilical avec Eurydice.

Le vocaluscrit est l'empreinte qu'aurait confiée Orphée à Eurydice juste avant qu'elle ne sorte de la prison intérieure où Orphée est en fin de compte resté reclus. Le vocaluscrit, c'est ce qu'Eurydice — la gardienne de la mémoire enfouie — a pu sauver une fois pour toutes lors de cette remontée aux limbes, sur le sentier traversé de silence et noyé de brouillard, juste avant que les voix amantes ne se séparent à jamais. Peut-être étaient-elles d'ores et déjà séparées puisque selon Rilke, Eurydice n'a même pas reconnu Orphée, reprenant seule le chemin entravé par les bandelettes des morts.

Sans vocaluscrit Orphée a chanté pour les animaux qui l'ont fait taire. Avec le vocaluscrit Eurydice a pu une fois et une seule ouvrir la voie du récital de poésie qui est en premier lieu celle par quoi sortir de la prison intérieure. Dès lors le mot prononcé devenait un lieu, à perte de vue : un nom propre, lancé de la fenêtre à barreaux tel un plan d'évasion.

C'est le secret des femmes que nous a légué Eurydice. Comme les femmes berbères ont finalement transmis le Tifinagh, l'instrument de notation de la parole — l'écriture — qu'elles ont livré dernièrement aux philologues marocains venus écouter leurs secrets dans les limbes.

Dans ma *Fugue inachevée* c'est Eurydice qui descend dans la galerie pour chercher ce pauvre Orphée et l'extraire de l'abîme sans chant. La structure de ce livre reflète certes les 21 fugues de Bach, avec contrepoints. Mais la fugue est d'abord ce mode d'échappée de l'enfermement.

L'enfer, c'est le Hohenasperg, dans le Württemberg, qui épuisa Schubart, menaça Hölderlin, enferma les prisonniers de guerre de tous les conflits franco-allemands, les aliénés, et certains membres de la Rote Armee Fraktion. C'est la maison de force que pointe du doigt le poète Johannes Poethen, l'ami de Paul Celan. A quelques kilomètres de là, la prison intérieure de Celan, lors de son dernier récital à Stuttgart un mois avant sa disparition.

4

La poésie en France ayant été longtemps aphone, le récital y est jeune contrairement aux pratiques allemandes. Mais il possède déjà un patrimoine. Des modèles, des codes. Sans doute ses pionniers décelèrent-ils dans la musique de Varèse, Stockhausen, Schaeffer, Kagel ou Berio un stimulant ou un support de pensée en absence d'une réflexion équivalente, au moment où une avancée formelle en poésie s'annonçait. Mais soyons assurés que le support mental "musical" des *Poèmes-partitions* de Bernard Heidsieck n'a rien à voir avec une partition de musique classique (l'art d'agencer les sons d'une façon agréable à l'oreille, apprenait-on à l'école). Ce n'était déjà pas le cas pour Verlaine, Mallarmé ou Rimbaud s'ils invoquaient la musique ou le musical. A tout le moins Bernard Heidsieck précise-t-il : *Malgré ces retrouvailles [avec les musiciens] constantes sur le terrain où l'on se croise ou s'entrecroise sans plus savoir qui est qui, il y a tout de même ce moment où le poète se distingue du musicien, en revendiquant son droit au couac !*[1]

Et si Kurt Schwitters en appellait à la structure sonate pour inventer une œuvre sans équivalent à partir de quelques sons de Raoul Hausmann, le titre d'*Ursonate* ou *sonate présyllabique* désigne bien l'intention d'un au-delà (ou en-deçà) musical, un hors règle que l'on retrouve chez François Dufrêne, notamment dans son *Tombeau de Pierre Larousse*.

Je ne résiste pas au plaisir de vous raconter pour conclure cette anecdote inédite. A Paris dans les années 50, trois passants considérables assistent à un concert du « Domaine musical » : Günter Grass, Paul Celan et Johannes Poethen. Le pianiste frappe partout son instrument, parfois d'ailleurs tape aussi sur le clavier, et parfois il crie. Grass renfrogné est hors de lui. Celan jubile et rit aux éclats. Poethen, entre les deux, regarde tantôt l'un, tantôt l'autre, regarde le pianiste, ne sait que trop penser. N'est-ce pas révélateur d'indices quant à la manière de lire en public de ces trois-là ?

---

1 Cité par Jean-Pierre Bobillot in *Bernard Heidsieck, Poésie sonore/Poésie action*, Jean-Michel Place éditeur, Paris, 1996.

LES AUTEURS

Patrick BEURARD-VALDOYE est né dans le Territoire de Belfort et vit à Paris. Lors d'un séjour prolongé à Cork (Irlande) en 1974 il décide de se consacrer aux arts poétiques. A la suite d'un séjour à Berlin en 1982 il entreprend « le cycle des exils » où « s'enchevêtrent les strates d'une Histoire de l'Europe, et plus particulièrement des rapports franco-allemands » (E. Laugier, *le Matricule des Anges*) en cinq volets (tous parus aux éditions Al Dante) : *Allemandes* (1985) ; *Diaire* (2000) ; *Mossa* (2002) ; *la Fugue inachevée* (2004) ; le *Narré des îles Schwitters* (2006). Parmi d'autres publications récentes, signalons : *der Sprachenhausierer* (Ithaka Verlag, Stuttgart, 2003) ; *Itinerrance* (Obsidiane, 2004) ; *Théorie des noms* (l'œil du poète, Textuels, 2006). Il a obtenu en 2004 une bourse « d'année sabbatique » du Centre national du Livre, ainsi que de nombreuses autres bourses. Il est également professeur à l'Ecole nationale des Beaux Arts de Lyon, où il conduit notamment un atelier d'arts poétiques.

Laurent CASSAGNAU, né en 1959 à Toulouse, maître de conférences à l'Ecole Normale Supérieure-Lettres Sciences Humaines : ses recherches portent sur la poésie de langue allemande du 19e siècle jusqu'à nos jours, en particulier sur la possibilité/impossibilité du discours poétique après la Shoah. Il a également traduit des ouvrages de G. Baselitz, J. Beuys, H. Blumenberg, J.Bobrowski, H. Broch, D. Grünbein .
Publications récentes: - "Valeur symbolique et fonction structurale du feu dans le *Divan* de Goethe", in: *Johann Wolfgang Goethe. West-östlicher Divan. Lectures d'une oeuvre* (sous la dir. de J.-L. Bandet), Editions du Temps, Nantes, 2003, pp. 69-98. - "Le *Divan* de Goethe au miroir de la poésie persane" in *Goethe et l'Orient. Le Divan occidental-oriental*, *Etudes Germaniques* avril-juin 2005 n°2, pp. 283-304. - "Mémoire et souvenir: à propos de Schnee im Dezember de Rose Ausländer" in *Rose Ausländer. Lectures d'une oeuvre* (sous la

dir. de J. Lajarrige et M.-H. Quéval), Editions du Temps, Nantes, 2005, pp. 101-115.

Marko PAJEVIC est enseignant-chercheur (lecturer) à la Queen's University of Belfast et enseigne la littérature allemande à l'Institut Catholique de Paris. Il est spécialiste de poétique et a publié le livre *Zur Poetik Paul Celans: Gedicht und Mensch – Die Arbeit am Sinn*, Universitätsverlag C. Winter, Heidelberg, 2000, une quinzaine d'articles sur la poétique à l'exemple de Paul Celan et quelques autres sur d'autres auteurs. Notamment « *L'abîme en moi* : Franz Kafka et le dilemme de l'être », in : *Europe. Revue littéraire mensuelle*, n° 923, mars 2006 ; « Verwirklichende Räume – Poetik und Raumkonzeption bei Paul Celan und Martin Buber », in : *Austriaca*, n° 60, 2005 ; « Ce qu'un poème veut dire: Paul Celan et l'indicible », in : *L'indicible. Formes et représentations de l'indicible dans l'espace franco-germanique au XXème siècle*, Harmattan, collection « Les Mondes Germaniques », 2004 ; « Les voix et Paul Celan », in : *Paul Celan. Poésie et poétique*, Klincksieck, coll. « Germanistique », 2002.

Françoise RETIF est depuis 2000 Professeure à l'Université de Rouen, elle est spécialiste de littérature autrichienne, allemande et française du XXème dans le domaine des études de genre. Spécialiste également du romantisme allemand. Elle est directrice du Centre de Recherche sur l'Autriche et l'Allemagne et co-directrice avec Gérard Laudin de la collection « Les Mondes germaniques » à l'Harmattan. Ouvrages récents: *Lectrices. La littérature au miroir des femmes* (dir.), EUD, 2004 ; *L'indicible dans l'espace franco-germanique au XXe siècle* (dir.), L'Harmattan, 2004 ; *Mythos und Geschlecht/Mythes et différences des sexes* (dir. avec Ortrun Niethammer), Heidelberg, Winter Verlag, 2005 ; *Franz Kafka*, Revue *Europe*, mars 2006. *Mythos der sexuellen Differenz* (dir. avec Ortrun Niethammer et Heinz-Peter Preusser), Heidelberg, Winter Verlag, 2006. Nombreux articles, en particulier sur la littérature du XIXe siècle (Romantisme) et les littératures féminines du XXe siècle. Traductrice de textes d'Ingeborg Bachmann et de Achim von Arnim, *Mélusine*, Corti, 1996 (édition, préface et traduction).

Anne-Marie SMITH-DI BIASIO a occupé, après des études de langues et littératures françaises et espagnoles, aux universités de Londres et de Genève, des postes dans l'enseignement supérieur en

Grande Bretagne avant d'être invitée à occuper un poste de maître de conférences associée à l'université de Paris VIII en 1992.

Elle est actuellement professeur de litterature comparée à Parson's Paris et chargée de séminaire au Centre Européen de Traduction Littéraire, Bruxelles et à l'Institut Catholique de Paris. Elle s'intéresse à la poétique du langage dans un éclairage psychanalytique et traductologique, intervient souvent dans ce domaine en France ainsi qu'en Angleterre, a publié de nombreux travaux dans des revues telles que *Etudes de poétique, Etudes britanniques contemporaines, Résonances, The Journal of Modern Critical Theory* et plusieurs traductions (notamment de Julia Kristeva et de Pierre Fédida). Auteure de *Julia Kristeva, Speaking the Unspeakable* (Pluto Press 1998), membre de la Sociéte des etudes Woolfiennes, de l'équipe Résonances/Femmes de Paris VIII, et du *Séminaire Babylone*: *Psychanalyse, Littérature, Arts*, elle s'est consacrée ces dernières années à la retraduction et l'interprétation de l'écriture de Virginia Woolf et prépare actuellement un essai sur sa poétique.

Dirk WEISSMANN, est agrégé de l'Université et Maître de conférences à l'Université de Paris-12, Val-de-Marne, où il enseigne la langue et la littérature allemandes. Responsable du secteur LANSAD dans le département d'allemand de Paris-12, il est également chargé de cours à HEC Paris et examinateur pour le concours d'entrée de cette même école. Il est auteur d'une thèse sur la réception française de Paul Celan (weissmann.canalblog.com) et de nombreux articles, notamment sur Celan. Traducteur (notamment de Jacques Derrida et de François Jullien), il s'intéresse actuellement aux problèmes théoriques de la traduction, notamment dans le domaine de la poésie et de la philosophie. Dernière publication : « Celan-Rezeption in Frankreich », in : M. May, J. Lehmann, P. Goßens (dir.), *Celan-Handbuch*, Stuttgart, Metzler, 2007.

Emanuel WENDEL, né en 1967 à Bonn, agrégé de l'Université, a été assistant en études germaniques à la Rheinische-Friedrich-Wilhelms-Universität de Bonn et a enseigné pendant 5 ans la littérature allemande à l'Université de Paris IV-Sorbonne. Il travaille sur la philosophie et la poétique moderne.

Karine WINKELVOSS est maître de conférences à l'Université de Rouen. Elle a publié une dizaine d'articles sur Rilke (notamment :

„Rilkes historische Studien über Carlo Zeno – ein unveröffentlichtes Manuskript aus dem Jahr 1912“, in: *Geschichte der Germanistik. Mitteilungen* (n° 23/24), Göttingen,Wallstein, 2003 et „L'intériorité selon Rainer Maria Rilke“, in : *Œuvres poétiques - Gedichte de Rainer Maria Rilke*, coord. M.-H. Quéval, Editions du Temps, 2004) ainsi que deux livres : *Rilke, la pensée des yeux*, préface de Georges Didi-Huberman, PIA (Université de la Sorbonne Nouvelle), 2004, et *Rainer Maria Rilke*, Belin, 2006 (collection Voix allemandes, à paraître). Elle a également traduit et préfacé deux recueils d'essais de Georg Simmel, *Le Cadre et autres essais*, Gallimard, 2003, et *La forme de l'histoire et autres essais*, Gallimard, 2004.

TABLE DES MATIERES

L'HARMATTAN, ITALIE
Via Degli Artisti 15 ; 10124 Torino

L'HARMATTAN HONGRIE
Könyvesbolt ; Kossuth L. u. 14-16
1053 Budapest

L'HARMATTAN BURKINA FASO
Rue 15.167 Route du Pô Patte d'oie
12 BP 226
Ouagadougou 12
(00226) 50 37 54 36

ESPACE L'HARMATTAN KINSHASA
Faculté des Sciences Sociales,
Politiques et Administratives
BP243, KIN XI ; Université de Kinshasa

L'HARMATTAN GUINÉE
Almamya Rue KA 028
En face du restaurant le cèdre
OKB agency BP 3470 Conakry
(00224) 60 20 85 08
harmattanguinee@yahoo.fr

L'HARMATTAN CÔTE D'IVOIRE
M. Etien N'dah Ahmon
Résidence Karl / cité des arts
Abidjan-Cocody 03 BP 1588 Abidjan 03
(00225) 05 77 87 31

L'HARMATTAN MAURITANIE
Espace El Kettab du livre francophone
N° 472 avenue Palais des Congrès
BP 316 Nouakchott
(00222) 63 25 980

L'HARMATTAN CAMEROUN
BP 11486
Yaoundé
(237) 458 67 00/976 61 66
harmattancam@yahoo.fr

Achevé d'imprimer par Corlet Numérique - 14110 Condé-sur-Noireau
N° d'Imprimeur : 41003 - Dépôt légal : mai 2007 - *Imprimé en France*